옛일을 들려주고
의미를 깨쳐주는
성장기
고사성어

마음으로 생각하는
인성 공부 시리즈 2

옛일을 들려주고 의미를 깨쳐주는
성장기 고사성어

글 **윤병무** | 그림 **이철형**
추천 **최기홍**(고려대학교 심리학부 교수)

 국수

| 추천의 글 |

부모는 자녀가 어떻게 성장하길 바랄까

최기홍
고려대학교 심리학부 교수
고려대학교 KU마음건강연구소 소장

　만약에 어른들에게 소망을 들어주는 능력자가 나타나, 자신에 대한 소박한 소망을 한 가지만 말하라면 어떤 대답을 할까? 대답은 한결같지 않을 것이다. 암 같은 큰 병에 걸린 사람은 '건강 회복'이라고 대답할 수 있고, 가난에서 벗어나지 못하고 있는 사람은 '빚 갚을 돈'이라고 대답할 수 있고, 사업에 실패한 사람은 '사업 성공'이라고 대답할 수 있다. 그런데 서로 다른 이런 대답에는 공통점이 있다. 그것은 '결핍'이다. 결핍은 '있어야 할 것이 없거나 부족한 상태'를 말한다. 그래서 누구나 자신에게 없는 것, 자신에게 부족한 것을 희망하기 마련이다. 자신의 결핍을 채우고 싶은 마음은 당연한 심리이다.

이번에는 성장기 자녀를 둔 부모에게만 이렇게 묻는다. 당신의 자녀가 어떻게 성장하길 바라는가? 부모들은 자녀에게 채워 주고 싶은 것들을 모두 나열할 것이다. '건강하길 바라고, 공부도 잘하길 바라고, 재능도 뛰어나길 바라고, 인성도 좋길 바라고……' 등으로 대답하지 않을까. 그것은 두루 갖추어 훌륭히 성장하길 바라는 마음일 것이다. '건강, 공부, 재능, 인성……'은 모두 인생의 매우 중요한 가치이기 때문이다. 그럼, 그 질문을 바꾸어 그중 두 개만 고르라면 어떤 대답이 나올까? 그러면, 가장 중요한 가치부터 고를 수도 있겠지만, 마음속으로는 덜 중요한 가치부터 X표 할 수도 있겠다. 그 방법으로 X표 한다면 어떤 순서로 지워질까? 끝까지 지워지지 않는 소망은 '건강'일 것이다, 생명은 가장 중요하니까. 그럼, 남은 '공부, 재능, 인성' 중에서 무엇이 지워지지 않을까. 여기서부터는 정답은 없다.

그런데, 뉴스를 보면 잊힐 만하면 보도되는 불쾌한 사건들이 있다. 그것은 의료인, 법조인, 정치인, 고위 공직자, 종교 지도자 등이 저지른 성범죄나 부정부패 사건이다. 우리 주변에도 사회적으로 성공한 사람 중에서 남들에게 손가락질 받는 사람이 종종 있다. 일터에서, 음식점에서, 도로에서, 공공장소에서 보이는 그들은 요즘 말로 '갑질'의 당사자이기도 하다. 앞의 뉴스의 대상들도, 사회 공동체에서 손가락질 받는 '그들'도 대개는 성공한 사람들이다. 그들은 성장기에 공부도 잘하고, 재능도 뛰어나서 또래들보다 진학 경쟁력을 갖춘 아동이었고 청소년이었다. 다만, 그들은 성장기에도 좋은 인성을 갖추지는 못했을 것이다. 그들이 인성마저 좋았다면, 훗날 사회적으로 지탄받게 되지 않았을 것이다. 오히려, 자신의 사회적 지위나 전문성을 사회에 베풀어 사람들에게 칭찬받았을 것이다.

그럼, 앞의 질문을 다시 보자. 부모들은 자녀가 어떻게 성장하길 바라는가? '자녀의 건강' 다음인 가치는 무엇일까. 아니, '건강'에 '마음의 건강'까지 포함시킨다면, '좋은 인성'이야말로 몸 건강만큼 챙겨야 하는 가치가 아닐까. 이 말에 동의한다면, '자녀의 좋은 인성'은 어떻게 챙길 수 있을까. 자녀가 건강한 인성을 갖추려면 부모는 자녀를 어떤 길로 이끌어야 할까. 즉, 자녀의 '인성 교육'은 어떻게 가능할까. 그 '길'은 자녀의 인생이다. 그래서 그 '길'을 가는 사람은 부모가 아니라 자녀이다. 그 '길'을 부모가 동행하면 좋겠지만, 부모는 자녀 또래의 성장기로 되돌아갈 수 없다. 그런 처지를 이런 속담이 말한다. '소를 물가에 데려갈 수는 있어도 물을 먹일 수는 없다.' 그러니, 부모의 역할은 '소를 물가에 데려가는 일'일 따름이다.

그러려면, 부모는 어디에 물이 있는지, 무엇이 물인지를 먼저 발견해야 할 것이다. 그런 의미에서 나는 이 책이 포함된 '마음으로 생각하는 인성 공부 시리즈'를 추천한다. 이 시리즈는 바로 그 '물가'이기 때문이다. 동아시아 최고의 고전인 『논어』는 2500년 동안 인류의 좋은 선생님이었다. 그 영향력은 이미 서양까지 확장되었다. 하지만 『논어』는 해석이 분분하고 그 내용이 깊어서 성장기 독자가 그 물속에 생각을 담그기가 쉽지 않다. 그런데, 이 시리즈의 하나인 『생각을 열어주고 마음을 잡아주는 성장기 논어』는 그야말로 『논어』에서 성장기 아이들이 읽으면 좋을 내용만 고르고 추려서 독자의 눈높이로 다정히 풀어 쓴 탁월한 산문이다. 그래서 성장기 독자가 이 책을 자기 마음의 물결에 비추어 읽는다면, 모두가 공감하는 『논어』를 통하여 저절로 '인성 공부'를 할 수 있게 되리라.

이 시리즈의 또 하나의 '물가'는 『옛일을 들려주고 의미를 깨쳐주는 성장기 고사성어』이다. 매일은 깃털처럼 많아도 인생은 짧다. 그래서 뜻있게 살기 위한 인생의 경험은 한계가 있다. 역사 공부가 필요한 이유도 그 때문이다. 앞선 인류가 어떻게 살았는지, 그래서 인류의 시간이 어떻게 지나왔는지를 알고 나면 뜻있는 삶의 길이 보인다. 더욱이, 역사의 옛일에서 생겨난 뜻 깊은 말(글)은 오늘을 살아가는 성장기 아이들에게는 소중한 자료이자 좋은 선생님이 된다. 그런 의미에서 『**옛일을 들려주고 의미를 깨쳐주는 성장기 고사성어**』는 부모는 할 수 없는, 성장기 독자의 인성 공부에 꼭 필요한 선생님이 될 것이다. 왜냐하면 이 책은 '고사성어'를 그저 건조하게 풀이한 안내서가 아니기 때문이다. 이 책의 원고를 읽으며 나는 느꼈다, 이 책은 성장기 독자의 마음을 쓰다듬으며 그 마음의 고삐를 천천히 이끌어 '물가'로 데려가고 있음을. 내가 다시 성장기로 돌아갈 수 있다면, 나는 이 '물'을 얼마나 달게 마실까!

이 시리즈의 또 하나의 '물가'는 『**속뜻을 알려주고 표현을 살려주는 성장기 속담**』이다. 속담은 동네 어른들이 큰 나무 그늘에 앉아 찐 옥수수를 우물우물 씹어 먹는 듯한 말이다. 옛날에는 아이들도 말을 그렇게 듣고 배웠다. 하지만 오늘날의 대화는 속담을 잘 사용하지 않는다. 대화 문화가 달라진 까닭이기도 할 테고, 속담을 잘 모르는 이유이기도 할 테다. 그런데, 속담은 말하는 사람의 생각과 마음을 직접 드러내지 않고도 쉽고 유머 있게 소통할 수 있는 장점이 많은 대화법이다. 더욱이, 속담은 문학적이다. 모든 속담은 비유로 이루어져 있기 때문이다. 비유는 표현력을 높여 준다. 그런데 속담에는 말하는 사람의 심리가 깔려 있기에, 비뚤어진 심리에서 출현한 속담은 바람직하지 않다. 그런 의미에서 나는 성장기 독자에게 『**속뜻을 알려주고 표현을 살려주는 성장기 속담**』을 추천한다. 이 책에 담긴 꽤 많은 속담 모두는 성장기 독자가 알아 두면 좋고, 잘 활용하면 더 좋을 내용들이기 때문이다. 이 책의 구성도 마음에 든다. 저자는 이 책에 많은 속담을 담고 싶어 한 듯하다. '속담'은 『논어』와 '고사성어'만큼 이해의 폭을 넓히기 위해 자세한 풀이를 할 필요는 없었기 때문이지 않을까. 각각의 속담이 담고 있는 속뜻과 그 사례만 얘기해 주어도, 독자가 상황에 걸맞은 속담을 일상에서 스스로 활용하게끔 많은 속담을 비교적 짧지만 명료하게 소개해 주려고 한 것은 아닐까. 더욱이 이 책에 담긴 속담들은 사십 대인 나도 처음 들어 보는 것들이 많다. 그러고 보면, '인성 공부'는 거두어들이는 활동이 아니라 확장하는 활동일 테다.

할 말이 많다 보니 수다가 길어졌다. 그 바람에 청탁받은 원고 양을 훌쩍 넘겨 버렸다. 아무쪼록, '마음으로 생각하는 인성 공부 시리즈'가 성장기 아이들의 생각과 마음을 단단하게 살지게 하여, 훗날 '입시 공부'에도 지치지 않게 하는 건강한 '인성 공부'의 바이블이 되기를 바란다. 내가 아는 한, 가장 튼튼하기에 오래가는 공부가 바로 '인성 공부'이기 때문이다. 그러기에 이 시리즈는 충분히 그 역할을 해 줄 수 있을 거라고 심리학자인 나는 믿고, 추천한다.

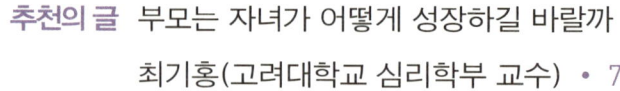

차례

추천의 글 부모는 자녀가 어떻게 성장하길 바랄까
최기홍(고려대학교 심리학부 교수) • 7

머리말 옛일을 들려주고 의미를 깨쳐주는 고사성어 • 17

1 어리석은 판단: **각주구검** • 22
2 간절한 마음: **형설지공** • 26
3 알 수 없는 앞일: **새옹지마** • 30
4 경쟁의 엉뚱한 결말: **어부지리** • 34
5 당장만 생각하는 마음: **조삼모사** • 38
6 앞뒤가 안 맞는 일: **모순** • 42
7 가까운 것을 닮음: **근묵자흑** • 46
8 서로를 성장시키는 스승과 제자: **교학상장** • 50
9 자연스러운 아름다움: **천의무봉** • 54
10 어떻게든 갚은 은혜: **결초보은** • 58
11 맑고 고요한 마음: **명경지수** • 62
12 끊임없이 변화하는 세상 만물: **호접지몽** • 66
13 보는 대로 보이는 세상: **군맹무상** • 70
14 눈동자에 나타나는 마음: **백안시** • 74
15 오랜 경험에서 얻는 지혜: **노마지지** • 78

16	'사소한 일'을 대하는 태도: **와각지쟁** ·	82
17	거침없이 잘하는 말: **구여현하** ·	86
18	명예를 중요하게 여기는 삶: **호사유피** ·	90
19	헛된 논의: **묘항현령** ·	94
20	재물을 대하는 마음: **견금여석** ·	98
21	도구를 탓하지 않는 진짜 실력: **능서불택필** ·	102
22	엄격한 법률의 효과: **도불습유** ·	106
23	에둘러 하는 말의 매력: **차계기환** ·	110
24	딱한 처지의 사람: **상가지구** ·	114
25	관련 없이 겪는 재앙: **지어지앙** ·	118
26	겉만 봐서는 알 수 없는 실력: **검려지기** ·	122
27	갈등 관계의 형제: **자두연기** ·	126
28	탁월한 글의 가치: **일자천금** ·	130
29	조심해야 할 '남 얘기': **불언장단** ·	134
30	사람들을 대하는 바람직한 태도: **수청무대어** ·	138
31	책 읽기에 좋은 시간: **독서삼여** ·	142
32	왕성히 활동하는 노인: **노당익장** ·	146
33	남을 본받는 마음가짐: **사기종인** ·	150

찾아보기 · 154

| 머리말 |

옛일을 들려주고
의미를 깨쳐주는 고사성어

'사자성어'는 무엇이고, '고사성어'는 무엇일까요? 그 둘은 서로 어떻게 다를까요? 사자성어(四字成語)는 말 그대로, '네 한자로 이루어진 말'이에요. 반면에 고사성어(故事成語)는 '옛일에서 생겨난 한자어로 이루어진 말'이에요. 그러므로, 모든 '사자성어'는 네 글자로 이루어졌고, '고사성어'는 글자 수가 정해져 있지 않아요. 그런데도 사람들은 '사자성어'와 '고사성어'를 혼동하곤 해요. 대개의 '고사성어'가 '네 글자'로 되어 있는 까닭이에요. 심지어 '고사성어'를 다루는 책들조차도 고사(故事: 옛일)는 없는 사자성어를 고사성어로 삼는 경우도 적지 않아요. 고사성어는 비교적 적은 반면, 사자성어는 많은 까

닮기기도 할 거예요. 한자 사전을 찾아보면 사자성어는 만 개가 넘어요. 고사성어는 수백 개예요. 왜 이렇게 큰 차이가 날까요? 사자성어는 생각만 잘하면 만들 수 있지만, 고사성어(故事成語)는 옛날에 있었던 어떤 사건을 기록한 근거로 생겨난 말이기 때문이에요. 그래서 모든 고사성어에는 누군가의 어떤 사연이 있어요.

이 책은 '고사성어'를 통한 인성 교육서예요. 이 책에서 주목한 고사성어는 서른세 개예요. 이 책에 담은 고사성어들은 오늘날을 살아가는 성장기의 독자가 알면 좋을 만한 것만 골라 뽑은 거예요. 그 기준은 이 책이 포함된 시리즈의 제목에 닿아 있어요. 그것은 '인성 공부'예요. 마음으로 생각하게 해 주는 고사성어, 인성을 성장시켜 주는 고사성어가 그것이에요. 그래서 이 책에 성장기 독자의 마음을 자라게 할 고사성어만 골라 담았어요. 그리고 그렇게 가려 뽑은 고사성어들 각각의 옛이야기를 출처에 근거하여 읽기 쉽게 소개했어요. 그래서 그 옛이야기들을 읽은 독자는 '아! 이래서 이런 고사성어가 생겨났구나.' 하고 생각할 수 있을 거예요. 그러므로 이 책의 독자는 고사성어들을 그저 외워서 익히는 것이 아니라, 옛이야기를 자연스레 머릿속에 떠올려 한자어와 그 말뜻을 연관시킬 수 있을 거예요. 옛이야기에는 인물과 사건과 배경과 사연이 있어서 누구나 그 내용을 어렵지 않게 기억할 수 있어요. 다시 말하면, 고사성어를 이루는, 옛이야기 속의 '열쇠가 되는 말'(key word)은 쉽게 기억되어서 고사성어들을 무작정 외우는 것보다 훨씬 흡수력이 좋아요. 그것은 이를테면, 지도를 볼 줄 알면 어떤 곳의 위치를 잘 파악할 수 있는 것과 같아요.

그런데 모든 고사성어는 그 뜻을 현실 사회에 맞게 확장하여 사용해요. 그래서 고사성어 한자의 본뜻만으로는 일반적으로 활용되는 말뜻을 이해하기 쉽지 않아요. 예컨대, 새옹지마(塞翁之馬)라는 유명한 고사성어를 한자(변방 새[塞], 늙은이 옹[翁], 갈 지[之], 말 마[馬])로만 뜻풀이하면 '변방에 사는 노인의 말이 떠났다.'예요. 이 뜬금없는 얘기가 무슨 고사성어가 될까요? 이렇듯 한자어만으로는 어떤 의미를 담고 있는지 알아차릴 수 없어요. 즉, 새옹지마의 뜻이 '어떤 일이 좋은 운수인지, 나쁜 운수인지는 앞일을 예측할 수 없어서 딱 잘라 말할 수 없다.'라는 것임을 알려면 그 옛이야기를 알아야 할뿐더러, 우리가 살아가는 현실의 사례에 생각이 이어져야 해요. 그래서 이 책은 각각의 고사성어를 낳은 옛이야기를 먼저 소개한 다음, 성장기 독자가 경험했을 만한 사례를 덧붙이거나 쉽게 공감할 수 있는 본보기를 이야기로 풀어내었어요. 독자와 관련 없어 보이는 고사성어는 독자 마음에 와 닿지도 않거니와 이해하고 싶지도 않을 테니까요. 성장기 독자가 '내가 왜 이 고사성어를 알아야 해?'라고 생각하게 된다면, 독서의 흥미도 떨어질뿐더러, 그 의미를 마음으로 생각하고 싶지도 않을 거예요.

'마음으로 생각하는 인성 공부 시리즈'의 하나인『생각을 열어주고 마음을 잡아주는 논어』와 마찬가지로, 이 책에도 (정답을 요구하지 않는) '서술하기'를 이야기 끝에 하나씩 제시했어요. 그것은 독자가 배운 '고사성어'의 의미를 더 확장하여 생각하게 하려는 목적이에요. 고사성어에 담긴 뜻으로 생활을 성찰하는 일을 넘어서, 그 의미에 독자 자신의 생각을 보태어 만지작거림으로써 독자 마음의 손때가 묻게끔 하기 위함이에요. 마치 새로 들여놓은 가구의 서랍도 자주 여닫으면 손에 익듯이 말이에요. 따라서, 이 책의 고사성어마다 제시한 '서술하기'에 대하여 독자가 자기 생각을 글로 표현한다면, 그 생각은 머릿속에, 마음속에 오래 남을 거예요. 생각은 글로 표현할 때 더 선명해지기 때문이에요. 생각을 글로 표현하는 활동은 눈사람을 만드는 일과 같아요. 눈을 뭉쳐 굴릴 때는 눈덩이에 불과하지만, 적절한 모양을 만들어 세워 놓으면 눈사람이 되어요. 즉, 모양을 만드는 일이 글로 표현하는 활동이에요. 그러면 생각은 선명해져요. 그것이 글의 힘이에요. 그러니, 짧은 한 문장이어도 좋으니, 자유롭게 서술해 보아요. 정답이 없으니 부담도 없을 거예요. 그것이 인문학의 시작이자 '인성 공부'의 길이라고 저는 믿어요.

지은이 윤병무

1
어리석은 판단

각주구검
刻舟求劍

뜻풀이

배를 타고 가다가 검(칼)을 강물에 빠뜨리자
그 위치를 뱃전에 표시하고는 나중에 그 검을 찾으려 한다

💡 현실에 맞지 않는 낡은 생각을 고집하는 어리석음

刻 새길 각 | 舟 배 주 | 求 구할 구 | 劍 칼 검

　옛날 중국의 초나라에 살았던 한 젊은이가 배를 타고 강을 건너고 있었어요. 그런데 그가 실수하여 자신의 소중한 검(칼)을 강물에 빠뜨리고 말았어요. 놀란 그는 얼른 주머니칼을 꺼내 검을 빠뜨린 위치를 배의 가장자리에 그어 표시했어요. 그는 '검을 빠뜨린 자리에 표시했으니 찾을 수 있겠지.' 이렇게 생각하고는 배가 나루에 닿자 표시해 놓은 뱃전의 물속에 뛰어들었어요. 그곳에는 당연히 검이 없었어요. 그 장면을 본 사람들이 웃었어요.

　『여씨춘추』(呂氏春秋)라는 역사책에 나오는 이야기예요. 과장된 이야기지만, '어리석은 판단이나 행동'을 비유하기에 적절한 내용이어서 고사성어가 되었어요. 각주구검(刻舟求劍). 한자대로 풀이하면 '배에 새겨 두고 칼을 찾는다.'예요. 물에 빠뜨린 검의 위치를 엉뚱하게도 나룻배에 새겨 둔 거예요. 이 이야기처럼 행동할 사람은 없을 거예요. 하지만 상황만 다를 뿐 오늘날에도 사람들은 때때로 어리석은 판단을 하거나 낡은 생각을 고집해요. 예컨대, 미신(迷信)이 그래요. 이사할 때는 꼭 '손(損) 없는 날'(악귀가 나타나지 않는 날)에 해야 한다고 믿는 사람들이 있어요. 안전과 행복을 바라는 마음에서 비롯했겠지만, 전혀 과학적이지 않은 생각이에요. 이사하기 좋은 날은 '날씨'에 따르지, '날짜'에 따른 것이 아니에요. 그러고 보면, 강물에 빠뜨린 검을 되찾고 싶은 마음과 안전하게 이사하고 싶은 마음은 비슷해요. 나루터 앞의 물속에는 잃어버린 검이 없듯이, 있지도 않은 악귀가 나타날 리도 없으니까요. 오히려 '손 없는 날'에 이사하면 비싼 비용만 치를 뿐이에요.

서술하기

'연필깎이'가 옆에 있음에도 '문구용 칼'로 연필을 깎는 일은 각주구검에 해당하는 행동일까요?
자기 생각을 공책에 서술하세요.

2 간절한 마음

형설지공
螢雪之功

뜻풀이

반딧불과 눈빛으로 공부함

💡 등잔불조차 켤 수 없을 만큼 가난하여
반딧불과 눈빛을 등불 삼아 공부함

螢 반딧불이 형 | 雪 눈 설 | 之 갈 지 | 功 공 공

　옛날 중국의 진나라에 차윤(車胤)이라는 소년이 있었어요. 소년은 밤에도 책을 읽고 싶었지만, 너무 가난하여 등잔불을 켤 기름조차 없었어요. 궁리 끝에 소년은 명주 주머니 속에 반딧불이 여러 마리를 넣어 그 빛으로 책을 읽었어요. 그런 노력으로 소년은 훗날 높은 벼슬에 올랐어요. 같은 시대 살았던 손강(孫康)이라는 소년의 형편도 매우 가난했어요. 이 소년은 겨울에 쌓인 눈에 반사된 달빛으로 책을 읽었어요. 이 소년도 훗날 관청을 단속하는 벼슬아치가 되었어요.

　『진서』(晉書)라는 역사책에 나오는 2200년 전의 이야기예요. 형설지공(螢雪之功). 한자대로 풀이하면 '반딧불과 눈빛으로 공부함'이에요. 얼마나 공부하고 싶었으면 반딧불과 눈에 비친 달빛을 등불 삼아 책을 읽었을까요. 그래서 이 이야기는 어려운 환경에서도 공부의 열정을 버리지 않는 노력의 상징이 되었어요. 오늘날은 전등이 있어서 언제든 공부할 수 있어요. 하지만 몇 년 전, 이런 언론 보도가 있었어요. 필리핀의 아홉 살 소년(다니엘 카브레라)은 어릴 때 화재로 아버지와 판잣집을 잃고 홀어머니가 일하는 작은 편의점에서 어렵게 살았어요. 마땅히 공부할 곳이 없던 그 소년은 어머니 일터 근처의 맥도날드 매장 앞에서 책을 펴고는 매장의 불빛으로 숙제를 했어요. 그야말로 현대판 '형설지공'이에요. 다행히 그 소년의 안타까운 사연이 세상에 알려져 여러 도움을 받은 소년은 자신의 꿈을 향해 열심히 공부하고 있대요. "뜻이 있는 곳에 길이 있다."(Where there's a will, there's a way)라는 격언은 이런 경우를 일컫는 말이에요.

서술하기

'공부하고 싶은 마음'은 어떻게 생겨날까요? 반대로,
'공부하기 싫은 마음'은 어떻게 생겨날까요?
자유롭게 생각하여 그 두 까닭을 공책에 서술하세요.

3
알 수 없는 앞일

새옹지마
塞翁之馬

뜻풀이

변두리에 사는 노인의 말[馬]이 떠났다

💡 어떤 일이 좋은 운수인지, 나쁜 운수인지는 앞일을 예측할 수 없어서 딱 잘라 말할 수 없음

塞 변방 새, 막힐 색 | 翁 늙은이 옹 | 之 갈 지 | 馬 말 마

옛날 중국의 변두리에 한 노인이 살았어요. 어느 날 이 노인이 기르던 말이 이웃 나라로 달아나 버렸어요. 마을 사람들이 노인을 찾아와 위로하자 노인이 말했어요. "이 일이 오히려 복(福)이 될지 누가 알겠소." 몇 달이 지난 어느 날, 떠났던 말이 또 다른 말 한 마리를 데리고 노인에게 돌아왔어요. 마을 사람들이 다시 노인을 찾아와 축하했어요. 그들에게 노인이 말했어요. "이 일이 도리어 불행을 낳을지 누가 알겠소." 며칠 후, 노인의 아들이 그 데려온 말을 타다가 떨어져 다리가 부러졌어요. 마을 사람들이 다시 찾아와 걱정하며 위로하자, 노인이 말했어요. "이 일이 또 복이 될지 누가 알겠소." 얼마 후, 마을 젊은이들이 전쟁터로 불려 나가 대부분 죽었어요. 다리가 부러져 전쟁터에 나가지 못한 노인의 아들은 마을에 남아 죽음을 피할 수 있었어요.

『회남자』(淮南子)라는 역사책에 나오는 약 2200년 전의 이야기예요. 옛날 사람들도 오늘날의 시골 사람들처럼 이웃을 걱정하며 어울려 살았어요. 그리고 옛날이나 오늘날이나 '세상일을 넓게 바라보는' 현명한 사람이 있어요. 세상일을 넓게 바라본다는 것은 당장 눈앞에 벌어진 일만을 바라보지 않는다는 말이에요. 실제로 세상살이는 저마다 어떻게 흘러갈지 알 수 없어요. 가을 낙엽이 어떤 바람에 날려 어디로 날아갈지는 알 수 없듯이, 누구든 앞날에 일어날 일은 예측할 수 없어요. 그 점을 일컫는 말이 새옹지마(塞翁之馬)예요. 한자대로 풀이하면 '변두리에 사는 노인의 말이 (집을) 떠나 버렸다.'예요. 이 이야기에서 알 수 있듯이, 노인이 기르던 말이 떠난 사실은 알 수 없는 훗날의 일에 앞선 일일 따름이에요. 그래서 이야기 속의 현명한 노인은 당장 벌어진 일에 크게 마음 쓰지 않았어요. 지금 벌어진 불행한 일이 나중에는 행복한 결과를 만들 수도 있고, 반대로 지금 벌어진 행복한 일이 나중에서는 불행한 결과를 낳을 수도 있다는 것을 노인은 깨닫고 있었던 거예요. 예컨대, 코로나19 바이러스가 창궐해 집 안에서 문학 작품을 많이 읽은 한 학생이 훗날에는 훌륭한 작가가 될 수도 있어요. 반면에, 복권에 당첨되어 큰돈을 번 사람이 1년 만에 불행해졌다는 뉴스를 보는 일은 드물지 않아요. 그러니, 어쩌다 불운한 일이 생기더라도 마음을 가다듬고 침착하게 행동해 보아요. 그 일이 나중에는 행복으로 바뀔 수도 있으니까요. 그래서 '새옹지마'와 연관된 고사성어가 전화위복(轉禍爲福)이에요. 전화위복은 '불행한 일이 오히려 복이 된다.'라는 말이에요.

서술하기

새옹지마(塞翁之馬)와 전화위복(轉禍爲福).
이 두 말의 쓰임에는 공통점과 차이점이 있어요. 가만히 생각하여 그 공통점과 차이점을 공책에 서술하세요.

4
경쟁의 엉뚱한 결말

어부지리
漁父之利

뜻풀이

어부에게 이익이 갔다

💡 두 사람이 서로 이익을 보려고 다투는 사이에 엉뚱한 사람이 애쓰지 않고도 이익을 얻음

漁 고기 잡을 어 | 父 아버지 부 | 之 갈 지 | 利 이로울 이(리)

　'어부지리'는 옛날 중국 연나라의 소대(蘇代)라는 신하가 이웃 나라(조나라)와의 전쟁을 막으려고 지어낸 이야기예요. '냇가에서 도요새가 무명조개의 살을 먹으려고 부리를 조가비 안에 넣었어요. 그 순간 무명조개가 자신의 껍데기로 도요새의 부리를 꽉 다물고 놓아 주지 않았어요. 이렇게 도요새와 무명조개가 서로 다투는 사이에 근처의 어부가 힘들이지 않고 둘 다 잡아 버렸어요.' 이 이야기를 들은 조나라의 왕(혜왕)은 연나라와 조나라가 전쟁하는 동안에 강력한 진나라가 어부가 될 것을 염려해 마음을 고쳐먹었어요.

　『전국책』(戰國策)이라는, 전쟁에 관한 책에 나오는 이야기예요. 어부지리(漁父之利). 한자대로 풀이하면 '어부에게 이익이 갔다.'예요. 무명조개와 도요새의 다툼이 엉뚱하게도 근처에 있던 어부에게만 좋은 일이 되었어요. 사실은 조개는 도요새의 먹잇감이어서 현실에서는 조개가 도요새에게 대항하지 못해요. 그런데도 이 이야기가 지어지고 오늘날까지 널리 알려진 까닭은 그만큼 세상일에서 '어부지리'의 상황이 종종 일어나기 때문이에요. 예컨대, 반장 선거에 출마한 세 학생이 있어요. 그 중 두 학생이 서로를 헐뜯는 바람에 다른 한 학생이 반장에 선출되는 일도 있어요. 또 어떤 사례가 있을까요? 그것이 무엇이든 세상일은 자기 이익을 좇는 과정에서 누군가와 심하게 경쟁하면, 오히려 다투는 두 사람은 경쟁의 끝에서는 제외되곤 해요. '이익'은 적절한 방법으로 노력한 대가여야지, 남에게 피해를 주어 독차지하는 것이 되면 안 되어요.

서술하기

'어부지리'는 지나친 경쟁의 결말일 때도 있어요.
그럼, '서로를 돕는 경쟁'은 가능할까요?
독자분의 생각을 공책에 서술하세요.

5
당장만 생각하는 마음

조삼모사
朝三暮四

뜻풀이

아침에 세 개, 저녁에 네 개

💡 나중은 생각 못 하고, 눈앞의 상황만 보고 좋아함, 또는 간사한 꾀를 써서 남을 속임

朝 아침 조 | 三 셋 삼 | 暮 저녁 모 | 四 넷 사

　옛날 중국의 송나라에 저공(猪公)이라는 사람이 살았어요. 원숭이를 좋아한 그는 나중에는 여러 마리를 기르게 되었어요. 그러다 보니 원숭이 먹이가 부족해졌어요. 그래서 어느 날 아침에 그는 원숭이들에게 말했어요. "오늘부터 너희 먹이를 아침에 세 개씩 주고 저녁에 네 개씩 주려는데 괜찮겠냐?" 그러자 원숭이들이 싫어했어요. 그래서 그는 이렇게 바꾸어 말했어요. "그럼, 아침에 네 개씩 주고 저녁에 세 개씩 주면 괜찮겠냐?" 그 말에 원숭이들이 찬성했어요.

　『열자』(列子)라는 옛날 중국의 철학 책에 나오는 이야기예요. 조삼모사(朝三暮四). 한자대로 풀이하면 '아침에 셋, 저녁에 넷'이에요. 삼(三)과 사(四)는 원숭이의 먹이 개수를 간단히 표현한 거예요. 그것이 과일인지 고구마인지는 알 수 없지만요. 원숭이들은 왜 아침에 3개, 저녁에 4개를 먹는 건 싫고, 그 반대는 찬성했을까요? 하루 동안 먹을 수 있는 양은 똑같이 7개인데 말이에요. 그것은 주인이 '아침'에 물어 보았기 때문이에요. 만약에 주인이 '저녁' 먹기 전에 물었다면, 원숭이들은 거꾸로 반응했을 거예요. 즉, 원숭이들은 당장 많이 먹을 수량을 좋아했던 거예요. 그것은 예컨대 '놀기'와 '공부하기' 둘 중에 무엇을 먼저 하는 게 좋냐는 물음과 같다고 말할 수 있지 않을까요? 어떤 학생에게는 '놀기'는 4개이고, '공부하기'는 3개인 셈일 테에요. 어떤 학생에게는 그 반대일 테고요. 독자분은 어느 쪽인가요? 그리고 어느 쪽을 먼저 하는 게 마음 편한가요? 생각해 볼 문제예요.

서술하기

'조삼모사'는 사기꾼의 수법이기도 해요. '욕심의 심리'를 이용하는 거예요. 그럼, 그런 사기를 당하지 않으려면 평소 어떤 마음가짐으로 생활해야 할까요?
자유롭게 생각하여 공책에 서술하세요.

6
앞뒤가 안 맞는 일

모순
矛盾

뜻풀이

창과 방패

💡 어떤 사실의 앞뒤가 맞지 않음, 또는 어떤 두 가지 사실이 서로 이치에 어긋남

矛 창 모 | 盾 방패 순

옛날 중국의 초나라에 전쟁 무기를 파는 상인이 있었어요. 그는 시장에서 창과 방패도 팔았어요. 하루는 그가 튼튼해 보이는 방패를 양손에 들고 외쳤어요. "이 방패는 매우 견고하여 아무리 예리한 창일지라도 막아낼 수 있습니다." 잠시 후 그는 창 하나를 치켜들고 외쳤어요. "이 멋진 창을 보세요. 이 창은 예리해서 그 어떤 방패라도 단번에 뚫어 버립니다." 그러자 구경꾼 중에 누군가가 말했어요. "그 예리한 창으로 그 견고한 방패를 찌르면 어찌 되는 거요?" 그 말에 그 상인은 말문이 막혀 그 마을을 떠날 수밖에 없었어요.

약 2200년 전, 중국 한나라의 '한비자'라는 사상가가 쓴 『한비자』(韓非子)에 나오는 이야기예요. 모순(矛盾). 한자대로 풀이하면 말 그대로 '창과 방패'예요. 이 낱말은 '어떤 사실의 앞뒤가 맞지 않거나, 어떤 두 가지 사실이 서로 이치에 어긋남'을 뜻해요. 그래서 이 옛이야기를 모르면, 왜 이 고사성어의 한자가 엉뚱하게도 '창[矛]과 방패[盾]'인지 궁금할 수밖에 없어요. 더욱이 흔히 '고사성어'는 네 글자로 이루어졌는데, '모순'은 두 글자여서 얼핏 보면 '고사성어'가 아니라고 예상할 수도 있어요. 고사성어(故事成語)는 말 그대로, '옛날에 일어났던 일'[故事]에서 '이루어진 말'[成語]이고, 어떤 일화를 말로 함축하기에는 '네 글자'가 적당해서 대개는 네 글자일 따름이에요. 그런데도, 고사성어 중에서는 두 글자인 '모순'을 비롯해 '갈등' '백미' '귀감'도 있고, 여섯 글자인 '맹모삼천지교'도 있고, 세 글자인 '배수진' '등용문'도 있어요. 그러니, 고사성어를 '사자성어'와 혼돈하면 안 되어요. 사자성어 중에는 고사성어도 있지만, 사자성어(四字成語)는 말 그대로, '네 글자'[四字]로 '이루어진 말'[成語]을 뜻해요. 그래서 사자성어 중에는 청산유수(靑山流水)처럼 '옛이야기'는 없는 낱말도 많아요.

'모순'의 뜻을 가진 영어는 아이러니(irony)예요. '아이러니'는 『국어사전』에도 등재된 만큼 한국인도 일상에서 흔히 사용하는 외국어예요. 그런데 '아이러니'의 말뜻은 '모순'과는 조금 달라요. 그 뜻은 예컨대, "그래 잘났다, 잘났어."처럼 '표현의 효과를 높이려고 실제와 반대되게 하는 말'이나, "거북이 토끼를 이겼대!"처럼 '예상 밖의 결과를 초래한 사건'을 뜻하기도 해요. 반면에, 앞의 옛이야기처럼 모순은 '비교하는 대상이 서로 이치에 맞지 않는 경우'를 뜻하는 낱말이에요.

서술하기

자신이 겪은 일 중에서 '모순'에 해당하는 경우를 떠올려 보아요. 그러고는, 그 경우가 왜 '모순'된 일인지를 공책에 서술하세요.

7
가까운 것을 닮음

근묵자흑
近墨者黑

뜻풀이

먹을 가까이하는 사람은 검어진다

💡 나쁜 사람과 가까이 지내면 그의 나쁜 행실에 물들기 쉬움

近 가까울 근 | 墨 먹 묵 | 者 사람 자 | 黑 검을 흑

"쇠와 나무는 모습을 바꿀 수 있어서 틀에 따라 모나게도 되고 둥글게도 된다. [마찬가지로 사람에게도] 틀을 바로잡아 주는 도지개(뒤틀린 활을 바로잡는 기구)가 있는데, 그 도지개에 따라 사람의 습관과 성격이 길러진다. 이런 까닭으로 붉은 흙을 가까이하면 붉게 되고, 먹을 가까이하면 검게 된다. 소리가 조화로우면 그 울림이 맑고, 형태가 곧으면 그 그림자 역시 곧다."

약 1800년 전, 중국 서진의 부현(傅玄)이라는 학자가 쓴 『태자소부잠』(太子少傅箴)에 나오는 글이에요. 근묵자흑(近墨者黑). 한자대로 풀이하면 '먹을 가까이하는 사람은 검어진다.'예요. 이 말은 '나쁜 사람과 가까이 지내면 그의 나쁜 행실에 물들기 쉬움'을 붓글씨의 도구인 먹에 비유하고 있어요. 위의 글은 글쓴이인 '부현'의 소년 시절을 살펴보면 더욱 새삼스러워요. 부현은 어려서 고아가 되어 무척 가난한 소년기를 보냈기 때문이에요. 흔히 비뚤어져 성장한 아이들이 그렇듯이, 성장 환경이 좋지 않으면 주변의 불량한 아이들과 어울리기 쉬워요. 하지만 기특하게도 어린 부현은 공부하기를 좋아하여 자신의 꿈을 키우며 학문에만 몰두했어요. 그러고 보면, 훗날 고사성어가 될 만큼 인간관계의 이치를 꿰뚫는 앞의 글은 글쓴이의 올곧은 생활 태도를 증명하므로 더욱 설득력이 있어요. 부현은 책을 가까이했기에 학자가 되었어요. 독자분은 무엇을 가까이하고 있나요?

> **서술하기**
>
> 독자분이 '가까이하고 싶은 것'은 무엇이고, '가까이하고 싶지 않은 것'은 무엇인가요? 그리고 상반된 그 두 가지 중 하나를 오래 가까이하게 된다면 훗날에는 어떤 결과가 생길까요? 가만히 생각하여 공책에 서술하세요.

8
서로를 성장시키는 스승과 제자

교학상장
教學相長

뜻풀이

가르침과 배움이 서로 성장한다

💡 가르치고 배우는 과정에서 스승과 제자가 함께 성장함

教 가르칠 교 | 學 배울 학 | 相 서로 상 | 長 길 장

　'옥돌은 다듬지 않으면 옥그릇이 못 되고, 사람은 배우지 않으면 진리를 모른다. 좋은 음식이 있어도 먹지 않으면 그 맛을 알지 못하고, 지극한 진리가 있어도 배우지 않으면 그 이치를 모른다. 그러므로, 배우고 나서야 부족함을 알고, 가르치고 나서야 막힘을 알게 된다. 부족함을 알아야 반성할 수 있고, 막힘을 알아야 더 탐구할 수 있으니, 가르침과 배움이 서로 도와서 학업을 성장시킨다.'

　위의 글은 옛날 중국 책 『예기』(禮記)에 나오는 내용을 정리한 것이에요. 교학상장(教學相長). 한자대로 풀이하면 '가르침과 배움은 서로를 성장시킨다.'예요. '가르침'과 '배움'은 사람이 아니어서 성장할 수 없어요. 그러니 이 고사성어에서 '가르침'[教]은 '가르치는 사람(스승)'을, '배움'[學]은 '배우는 사람(제자)'을 비유해요. '배우는 사람'은 당연히 스승에게 가르침을 받아 지성(知

性: 앎의 능력)이 성장해요. 배우는 사람은 배움이 부족해서 배우는 것이니까요. 그런데 왜, '가르치는 사람'은 '배우는 사람'에게 영향 받아 자신의 지성이 성장할까요? 앞의 글에 나타나 있어요. 그것은 "가르치고 나서야 막힘을 알게 된다."라는 문장이에요. 훌륭한 제자는 스승에게 열심히 배우면서, 동시에 스승의 '지성의 한계'를 일깨워 주기 때문이에요. 뛰어난 스승이라도 지성이 완벽하지 않으니 '막힘'이 있을 테고, 그 막힘은 때때로 탁월한 제자의 날카로운 질문 앞에서 드러날 테에요. 그러고 보면, 그런 스승과 제자가 함께 굴린 수레바퀴가 시대마다 교학상장(敎學相長)하여 인류의 역사를 발전시켰어요. 그러므로, 학생도 스승도 배움에는 끝이 없어요.

서술하기

"가르치는 것은 두 번 배우는 것이다."(To teach is to learn twice over)라는 서양 격언이 있어요.
이 문장이 뜻하는 바는 무엇일까요?
가만히 생각하여 공책에 서술하세요.

9
자연스러운 아름다움

천의무봉
天衣無縫

뜻풀이

선녀의 옷은 꿰맨 흔적이 없다

💡 기교나 꾸밈이 없는, 자연스러운 아름다움

天 하늘 천 | 衣 옷 의 | 無 없을 무 | 縫 꿰맬 봉

　선녀 '직녀'가 칠석(七夕: 음력 7월 7일)에 '견우'를 만나고는 땅에 내려와 곽한(郭翰)이라는 청년을 만났어요. 그 청년은 직녀를 사랑했어요. 그가 직녀에게 말했어요. "견우님과의 만남은 즐거우셨나요?" 직녀가 미소 지으며 대답했어요. "천상(天上)은 여기와는 다릅니다. 그곳에서는 마음과 마음이 서로 통하는 것이 정교(情交: 친밀한 교제)예요. 그러니 질투하지 마세요." 청년은 되물었어요. "그렇지만 견우를 닷새 동안이나 만나지 않았습니까?" 다시 웃으며 직녀가 대답했어요. "천상의 하루는 지상의 닷새에 해당해요." 그날, 직녀는 천상의 요리를 가져왔는데 그 음식들은 이 세상에는 없는 것들이었어요. 또 청년이 직녀의 옷을 보니 어디에도 바느질한 흔적이 없었어요. 청년이 궁금하여 물었더니, 직녀가 차분히 말했어요. "천상의 옷은 바늘과 실로 꿰매지 않습니다."

약 1000년 전에 500권으로 편집된 『태평광기』(太平廣記)라는 설화집에 나오는 이야기예요. 설화(說話)는 소설처럼 상상으로 쓴 이야기예요. 그 설화 중 하나인 이 이야기에서 뜻깊은 고사성어가 생겨났어요. 천의무봉(天衣無縫). 즉, '선녀의 옷은 꿰맨 흔적이 없다.'라는 말이에요. 이 문장은 훗날 '기교나 꾸밈이 없는, 자연스러운 아름다움'을 일컫는 말이 되었어요. 그런데, 이 말을 뒤집으면, '자연스러운 아름다움에는 기교나 꾸밈이 없다.'라고 말할 수 있어요. 그럼, '기교나 꾸밈'이 무엇이길래 '자연스러운 아름다움'과 어긋나는 뜻을 품고 있는 걸까요? 기교(技巧)는 '교묘한 기술이나 솜씨'예요. 꾸밈은 '겉모양을 보기 좋게 다듬거나 매만짐'이에요. 자, 이 두 뜻을 가지고 처음으로 돌아가 문장을 다시 정리해 볼까요? 즉, 천의무봉(天衣無縫)은 '교묘한 기술이나 솜씨, 또는 겉모양을 보기 좋게 다듬거나 매만짐이 없는, 자연스러운 아름다움'을 뜻해요. 그래서 이 문장을 다르게 표현하면, '기교를 부리거나 꾸밈을 보태는 일은 자연스럽지도, 아름답지도 않다.'라고 말할 수 있어요.

그럼, '천의무봉'은 주로 어떤 활동에 쓰이는 고사성어일까요? 때때로 기교와 꾸밈이 표현되는 활동일 거예요. 그것은 예술 활동이에요. 미술, 음악, 문학, 연극 등의 예술들 말이에요. 기교와 꾸밈이 많은 예술은 넘치거나 덧붙인 표현이 많아서 깔끔하지 않고, 담백하지도 않아요. 그래서 자연스럽지 않고 아름답지도 않아요. 기교가 가득한 '서커스'를 예술이라고 일컫지 않는 까닭이에요. 그러니 일기를 쓰더라도, 강(江)을 따라 흐르는 강물처럼, 자기 마음의 흐름을 따라 자연스럽게 써 보아요. 그런 글은 덧대거나 꿰맬 필요가 없어요.

서술하기

'기교'는 기술이고 솜씨여서 적절히 쓰면 멋있어요. 그럼, '적절한 기교'와 '지나친 기교'를 어떻게 구별할 수 있을까요? 예를 들어서 공책에 서술하세요.

10
어떻게든 갚은 은혜

결초보은
結草報恩

뜻풀이

풀포기를 묶어 은혜를 갚는다

💡 어떻게든 반드시 은혜를 잊지 않고 보답함

結 맺을 결 | 草 풀 초 | 報 갚을 보 | 恩 은혜 은

옛날 중국 진나라에 위무(魏武)라는 노인이 살았어요. 그에게는 첩(妾: 부인은 아니지만, 한집에 사는 여인)이 한 명 있었어요. 병든 그가 아들에게 말했어요. "내가 죽으면 내 첩을 시집보내거라." 얼마 후 죽음을 앞둔 그가 다시 아들에게 말했어요. "내가 죽으면 내 첩도 함께 묻어라." 노인이 죽고 아들은 고민했어요. 아들은 그 여인을 시집보냈어요. 훗날 전쟁이 일어났어요. 장수가 된 아들이 적군 장수와 대결하다가 위험에 빠졌어요. 그때 적군의 장수가 풀매듭에 걸려 넘어지는 바람에 아들이 그를 사로잡았어요. 그날 밤, 아들의 꿈속에 한 노인이 나타나 말했어요. "나는 그대가 출가시켜 준 여인의 아비요. 그대는 아버님이 맑은 정신으로 한 말에 따라 내 딸을 살려 주었소. 나는 그대에게 보답하고 싶었소. 오늘에야 풀매듭으로 은혜를 갚게 되었소."

『춘추좌씨전』(春秋左氏傳)에 나오는 이 이야기는 전설 같아요. 이 이야기의 구조는 이래요. '옳은 유언 → 그른 유언 → 옳은 유언을 따름 → 위기를 맞음 → 행운으로 승리 → 그 행운은 은혜에 대한 보답.' 그런데 재미있는 것은 보답한 사람이 은혜를 입은 당사자가 아니라는 점이에요. 이처럼 세상일은 마치 여러 갈래로 연결된 '도미노' 같아요. '길 1'의 도미노 조각이 '길 3'에서 구슬을 굴리듯이, 세상살이는 복잡하게 연결되어 있어요. 그래서 어떤 일의 결과가 당장은 나타나지 않더라도, 나쁜 일을 하면 그 원한이 도미노가 되어 언젠가는 앙갚음을 하고, 착한 일을 하면 그 고마움이 도미노가 되어 언젠가는 은혜를 갚기 마련이에요.

서술하기

착한 일을 하면 기분이 좋아져요.
나쁜 행동을 하면 마음이 불편해져요. 왜 그럴까요?
자기 경험을 떠올려 그 까닭을 공책에 서술하세요.

11
맑고 고요한 마음

명경지수
明鏡止水

뜻풀이

맑은 거울과 고요한 물

💡 잡념과 거짓과 헛된 욕심 없이 맑고 깨끗한 마음

明 맑을 명 | 鏡 거울 경 | 止 그칠 지 | 水 물 수

　옛날 중국의 노나라에 죄를 지어 다리를 자르는 벌을 받은 '왕태'라는 사람이 있었어요. 그런 그에게는 제자가 많았어요. 그의 제자가 공자(孔子)의 제자만큼 많았어요. 그것을 본 '상계'라는 사람이 공자에게 여쭈었어요. "왕태는 자기 마음을 닦고 자기 지혜로 마음의 본체를 깨달았을 따름입니다. 그것은 자기를 위한 수행이지, 남을 위한 것은 아닌데 어찌 그런 그에게 많은 사람이 모여드는 것인지요?" 공자가 말했어요. "사람은 흐르는 물을 거울로 삼지 않고, 고요한 물을 거울로 삼는다."

　옛날 중국의 고전 『장자』(莊子)에 나오는 이야기예요. 명경지수(明鏡止水). 즉, '맑은 거울과 고요한 물'에는 무엇이든 모양 그대로 비쳐요. 깨끗한 거울 앞에서 웃으면 거울 속의 얼굴도 똑같이 웃고 있고, 푸른 나무가 잔잔한 호수에 비치면 색상 그대로 수면에 나타나요. 그래서 옛날부터 거울(명경)과 고요한 물(지수)은 자기 마음을 들여다보는 성찰의 상징이 되었어요. 앞의 이야기에서 공자의 말처럼, 출렁이는 물은 거울 역할을 하지 못하기 때문이에요. 혼탁한 거울도 마찬가지고요. 그래서 왕태의 제자가 되려고 찾아온 사람들은 왕태를 거울삼아 자기 자신을 발견하고 싶었을 거예요. 오늘날도 그런 선생님이 계세요. 학생의 잘못을 나무라기보다는 따뜻한 마음으로 타이르시고, 학생들을 관찰하여 사소한 일도 칭찬하시고, 학생이 침울해 있거나 지쳐 있으면 격려해 주시는 선생님이 계세요. 그런 선생님의 제자들은 거울을 하나씩 선물 받은 셈이에요. 그런 선생님과 함께 있는 동안에 자기 자신을 바라볼 수 있을 테니까요.

서술하기

'욕심만 가득한 마음'은 '맑고 고요한 마음'의 반대편에 있어요. 이 두 마음은 왜 동떨어져 있을까요?
가만히 생각하여 공책에 서술하세요.

12
끊임없이 변화하는 세상 만물

호접지몽
胡蝶之夢

뜻풀이

나비가 되어 날아다닌 꿈

💡 현실과 꿈의 구별이 안 됨, 또는 인생의 덧없음

胡 되호 | 蝶 나비접 | 之 갈지 | 夢 꿈몽

　옛날 중국의 유명한 사상가인 장자(莊子)가 어느 날 꿈을 꾸었어요. 그는 꿈속에서 나비가 되어 꽃들 사이를 즐겁게 날아다녔어요. 그러다 눈을 뜨니, 자신은 사람이었어요. 장자는 생각했어요. '사람인 내가 꿈에서 나비가 된 것인가, 아니면 나비인 내가 꿈에서 사람이 되어 있는 것인가.' 훗날 그가 말했어요. "현실 모습의 나와 나비 사이에는 확실한 구별이 있다. 하지만 그것은 변화하는 물질의 한때 모습일 뿐이다."

　중국의 고전인 『장자』(莊子)에 나오는 이야기예요. 앞의 이야기에서 호접지몽(胡蝶之夢)이라는 고사성어가 생겨났어요. 한자대로 풀이하면, '나비가 되어 날아다닌 꿈'이에요. 그래서 이 문장 자체는 오히려 문학적이에요. 꿈은 무의식의 흐름이고, 그 흐름은 상상처럼 자유로우니까요. 그런데, 장자는 자신이 나비가 된 꿈을 꾸고서 '==세상 만물은 끊임없이 변화하고 있어서 구별할 수 없다.=='라는 철학을 깨쳤어요. 즉, 장자의 논리에 따르면, 세상의 모든 것은 계속 변화하고 있어서, 사람과 나비, 꿈과 현실, 삶과 죽음에는 구별이 없어요. 지금 눈앞에 보이는 것은 계속 변화하는 물질의 한때 모습일 따름이라는 말이에요.

이런 장자의 철학은 조금 골치 아픈 문제예요. 하지만 곰곰이 생각하면 그 철학은 꽤 그럴듯해요. 실제로 세상의 모든 것은 시간을 따라 끊임없이 변하기 때문이에요. 아이스크림은 냉동고 밖에서 이삼십 분 지나면 액체가 되어요. 울퉁불퉁한 바위가 공처럼 둥글게 닳기까지는 수억 년의 시간이 걸려요. 갓난아기가 노인이 되기까지는 70년가량 지나야 해요. 이에 비해 애벌레가 나비가 되기까지는 몇 주밖에 안 걸려요. 배추밭에서 죽은 나비는 땅의 거름이 되어 자라는 배추를 이루는 물질이 되어요. 배추김치를 즐겨 드시는 할아버지의 몸은 수십 년 뒤에는 자연으로 돌아가서 또 다른 어떤 물질을 구성해요.

　이렇게 세상 만물은 돌고 도는 변화 과정에 있어요. 우리는 지금은 사람으로 살고 있지만, 어떤 물질의 변화 과정을 통하여 사람이 되었어요. 그런 우리는 먼 훗날에는 또 다른 무엇의 원인이 될 테에요. 그래서 호접지몽은 '인생의 덧없음'을 나타내는 뜻으로도 사용되곤 해요. 수만 년의 긴 시간에서는 '인생은 잠시 지나가는 과정'일 따름이기 때문이에요. 그렇게 생각하면 인생은 허망하지만, 인생 전체로 보면 마치 새의 깃털만큼 많은 날들이 우리를 기다리고 있어요. 그것은 하루하루를 뜻있게 살아야 하는 까닭이기도 해요.

> **서 술 하 기**
>
> '꿈속에서 벌어진 일'은 현실이 아니지만, '악몽'을 꾸고 나면 식은땀을 흘리기도 해요. 그래서 그 '식은땀'은 현실이에요. 그럼, '꿈'과 '현실'의 경계는 무엇일까요? 가만히 생각하여 공책에 서술하세요.

13
보는 대로 보이는 세상

군맹무상
群盲撫象

뜻풀이

여러 맹인이 코끼리를 더듬는다

💡 자기의 좁은 소견으로 사물을 잘못 판단함

群 무리 군 | 盲 맹인 맹 | 撫 어루만질 무 | 象 코끼리 상

　임금이 맹인들을 불러서 코끼리를 만져 보라고 했어요. 맹인들은 코끼리를 처음 만져 보았어요. 임금이 맹인들에게 코끼리의 생김새를 물었어요. 상아를 만진 맹인이 말했어요. "코끼리는 큰 무 같습니다." 귀를 만진 맹인은 "곡식을 까부르는 키 같습니다."라고 대답했어요. 머리를 만진 맹인은 '돌' 같다고 했고, 코를 만진 맹인은 '절굿공이' 같다고 했으며, 다리를 만진 맹인은 '절구통' 같다고 했어요. 등을 만진 맹인은 '평상' 같다고 했고, 꼬리를 만진 맹인은 '밧줄' 같다고 대답했어요.

　불교 사상을 적어 놓은 『열반경』(涅槃經)에 나오는 이야기예요. 그런데 이 이야기는 실화는 아닐 거예요. 맹인(시각 장애인)은 눈으로 볼 수는 없지만, 촉각은 예민해서 코끼리 몸의 일부를 다른 물체로 착각하지는 않을 테에요. 그러니 이 이야기는 교훈을 주려고 지어냈을 거예요. ==군맹무상==(群盲撫象). 한자대로는 '==여러 맹인이 코끼리를 만지다.=='예요. 이 고사성어는 '==사물이나 일을 좁은 소견으로 잘못 판단함=='을 일컫는 말이에요. 그래서 군맹무상은 '나무만 보면 숲을 보지 못한다.'라는 격언을 떠올리게 해요. 나무가 모여 숲을 이루지만, 나무 자체는 숲이 아니에요. 이처럼 우리가 어떤 일을 대할 때 부분만 보면 전체를 이해할 수 없어요. 학생이 수학을 배우는 까닭은 수학 자체를 생활에 활용하기보다는 논리력을 키우기 위함이에요. '수학'은 가장 논리적인 학문이니까요. 그러므로, 수학을 시험 성적만을 위한 공부로 여긴다면 '군맹무상'이 되어요. 크게 생각하면 멀리도 보이고, 작게 생각하면 코앞만 보여요.

서술하기

우리 주변의 '군맹무상' 사례로는 어떤 일이 있을까요? 자기 경험을 머릿속에 떠올려 공책에 서술하세요.

14
눈동자에 나타나는 마음

백안시
白眼視

뜻풀이

흰자위로 바라본다

💡 남을 업신여기거나 무시하는 태도로 흘겨봄

白 흰 백 | 眼 눈 안 | 視 볼 시

　옛날 중국에 완적(阮籍)이라는 학자가 혼란한 세상을 등지고 숲속에서 책만 읽으며 살았어요. 그러던 어느 날 그의 어머니가 돌아가셔서 장례를 치렀어요. 그런데 그는 자신을 위로하러 온 손님 중에서 겉으로만 예절을 지키는 선비를 만나면 눈동자의 흰자위가 보일 만큼 흘겨보았어요. 반면에, 마음에 드는 손님에게는 검은자위를 또렷이 보이며 환영했어요. 그날 이후 그가 흰자위를 보였던 사람들은 그를 미워했어요.

　옛날 중국의 역사책 『진서』(晉書)에 나오는 이야기예요. 백안시(白眼視). 말 그대로, '흰 눈으로 바라봄'이에요. 동양인의 눈동자에는 검은자위가 있는데, 흰 눈으로 바라본다는 것은 무슨 말일까요? 거울 앞에 비스듬히 자신을 흘겨보세요. 그러면, 정면으로 볼 때보다 흰자위가 많이 드러날 거예요. 그런 '백안시'는 흔히 누군가를 기분 나쁘게 흘겨볼 때 나타나요. 그래서 백안시는 '남을 업신여기거나 무시하는 태도'를 뜻하는 말이 되었어요. 우리가 드라마를 볼 때 함부로 남을 흘겨보는 배우의 표정에서 그 점을 느낄 수 있어요. 그런데 실제 생활에서는 상대를 업신여기는 마음이 없음에도, 습관적으로 누군가를 백안시하는 사람이 있어요. 그는 자기 표정을 잘 모를 수 있어요. 하지만 그와 마주한 사람은 자신을 흘겨보는 상대의 눈을 보고 불쾌할 수 있어요. 그래서 나쁜 습관은 때때로 인간관계를 불편하게 하는 원인이 되어요. 그중 하나가 남을 상대할 때 백안시하는 거예요. 상대를 정면으로 다정하게 바라보는 것만으로도 상대는 호감을 느껴요. 눈은 마음의 창문이에요.

서술하기

잘생기지는 않았지만 '인상'이 좋은 사람이 있어요.
그 반대도 있고요. '인상'은 어떻게 형성될까요?
가만히 생각하여 그 까닭을 공책에 서술하세요.

15
오랜 경험에서 얻는 지혜

노마지지
老馬之智

뜻풀이

늙은 말의 지혜

💡 나이가 많으면 나름의 장점과 특기가 있음, 또는 저마다 한 가지 재주는 지니고 있음

老 늙을 노(로) | 馬 말 마 | 之 갈 지 | 智 슬기 지

　옛날 중국의 제나라에 환공(桓公)이라는 임금이 있었어요. 어느 봄날에 그는 두 정치인 '관중', '습붕'과 함께 옆 나라와 전쟁을 벌였어요. 전쟁은 길어져 그해 겨울에야 끝났어요. 추위 속에서 지름길을 찾아 귀국하다가 길을 잃고 말았어요. 군사들이 길을 못 찾고 있을 때 관중이 말했어요. "이런 때 늙은 말의 지혜가 필요하다." 곧바로 늙은 말 한 마리를 풀어 놓았어요. 그러고는 그 말을 따라 행군했는데 얼마 안 가 큰길을 만났어요. 또 한 번은 산길을 가다가 군사들이 마실 물이 떨어졌어요. 이번에는 습붕이 말했어요. "개미는 여름에는 산의 북쪽에 집을 짓고, 겨울에는 산의 남쪽 양지바른 곳에 집을 짓는다. 흙이 한 치[寸]쯤 쌓인 개미집의 땅속 일곱 자쯤 되는 곳에 물이 있는 법이다." 군사들이 산을 뒤져 그런 개미집을 찾았어요. 그곳을 파 내려가자 샘물이 솟았어요.

옛날 중국의 책 『한비자』에 나오는 이야기예요. 이 이야기에서 노마지지(老馬之智)라는 고사성어가 생겨났어요. 이 한자 뜻은 '늙은 말의 지혜'이지만, '경험이 많으면 나름의 장점과 특기가 있음', 또는 '저마다 한 가지 재주는 지니고 있음'을 나타내는 의미로 사용되어요. 이야기 속의 늙은 말과 개미들처럼, 때때로 여러 경험으로 터득한 지혜는 단순한 지식보다 현명해요. 예컨대, 낚시를 오래 한 할아버지들은 어디에 투망하면 물고기를 잘 잡을 수 있는지를 알고 계세요. 또 어떤 할머니는 이렇게 말씀하세요. "새들이 높은 곳에 집을 짓는 걸 보니 올해는 바람이 많이 불지는 않겠구나." 오래 살아 온 경험에서 비롯한 말이에요.

그런가 하면, '우렁이도 논두렁 넘을 꾀가 있다.'라는 속담처럼, 하찮은 동물도 잘하는 것이 있어요. 거북은 땅에서는 토끼보다 느려도 물에서는 자유로워요. 그래서 땅에서 열린 '토끼와 거북의 달리기 경주'는 경쟁 조건

자체에 문제가 있어요. 또, 펭귄은 새이지만 하늘을 날지 못해요. 펭귄의 날개는 물고기의 지느러미처럼 헤엄치기 좋게 오랫동안 변화했기 때문이에요. 그래서 펭귄의 재주는 '날아다님'이 아니라 '수영'이에요. 사람도 마찬가지예요. 지식을 학습하고 시험을 잘 치르는 능력보다 남들보다 손기술이 좋거나 운동 신경이 발달한 사람이 있어요. 미각이 발달하여 요리에 소질 있는 사람도 있어요. 음악 감수성이 뛰어나서 연주를 잘하는 사람도 있고, 미술 활동에 탁월한 사람도 있어요. 그것이 노마지지(老馬之智)예요. 다만, '노마지지'가 되려면 깊은 우물이 마르지 않듯이, 자기 재능을 열심히 갈고 닦아야 해요. 재능마다 수준이 나타나기 때문이에요.

서술하기

'노마지지'는 '오랜 경험에서 생긴 지혜'예요.
하지만, 모든 경험이 지혜가 되는 것은 아니에요.
그럼, 경험이 지혜가 되려면 어떤 과정이 필요할까요?
곰곰이 생각하여 공책에 서술하세요.

16 '사소한 일'을 대하는 태도

와각지쟁
蝸角之爭

뜻풀이

달팽이의 촉각(觸角)에서 싸운다

💡 하찮은 일로 다투는 짓

蝸 달팽이 와 | 角 뿔 각 | 之 갈 지 | 爭 다툴 쟁

　옛날 중국에서 위나라와 제나라가 사이좋게 지내자고 약속했어요. 그런데 제나라 왕이 약속을 어겼어요. 이에 화난 위나라의 왕이 신하들을 불러 모아 보복을 의논했어요. 전쟁하자는 의견도 있었지만, 대진인(戴晉人)이라는 지혜로운 사람이 왕에게 말했어요. "달팽이의 왼쪽 뿔에 어떤 나라가 있고, 오른쪽 뿔에 또 다른 나라가 있었습니다. 그 두 나라는 영토 싸움을 되풀이했는데, 그사이 수만 명이 죽었습니다. 우주의 크기는 무한합니다. 우주에 비하면, 위나라와 제나라는 달팽이의 양쪽 뿔에 불과합니다." 그 말을 듣고 왕은 화난 마음을 가라앉혔어요.

　옛날 중국의 고전 『장자』(莊子)에 나오는 이야기예요. 와각지쟁(蝸角之爭). '달팽이의 촉각에서 싸운다.'라는 뜻인 이 고사성어는 '하찮은 일로 다투는 짓'을 일컫는 말이에요. '하찮은 일'은 '사소한 일'이에요. 그것은 '큰

일'이나 '중요한 일'이 아니에요. 우리도 사소한 일로 다투거나 기분 상하는 경우가 잦아요. 가족이나 친구끼리 어떤 순서를 정할 때, 간식을 고를 때, 텔레비전 방송 채널을 정할 때, 좌석을 골라 앉을 때 우리는 내 마음대로 안 되면 속상해하곤 해요. 하지만 그런 일들은 함께 어울려 사는 생활 전체로 보면 사소한 일이에요. 그럼, 우리에게 '큰일'이나 '중요한 일'은 무엇일까요? 예컨대, 가족이나 친구가 큰 병을 앓게 되거나 사고를 당했을 때, 자신이 간절히 바라던 꿈을 잃었을 때일 거예요. 우리가 '사소한 일'과 '큰일'을 구별할 줄 알게 되면 좋은 점이 있어요. 그것은 웬만한 일로는 화내지 않게 된다는 점이에요. 마음이 평화로운 것만큼 좋은 인생이 있을까요?

서술하기

'나쁜 평화가 좋은 전쟁보다 낫다.'라는 옛말이 있어요.
이 말의 의미는 무엇일까요?
자신의 생각을 보태어 그 의미를 공책에 쓰세요.

17
거침없이 잘하는 말

구여현하
口如懸河

뜻풀이

입에 강물을 매단 것 같다

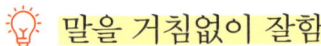 말을 거침없이 잘함

口 입구 | 如 같을여 | 懸 매달현 | 河 강물하

　옛날 중국 진나라의 곽상(郭象)이라는 학자는 어려서부터 사물들을 관찰하여 그 이치를 밝히기를 좋아했어요. 그는 항상 즐거이 공부했어요. 그런 그에게 사람들은 몇 번이나 관직에 오를 것을 권했지만 그는 학문에만 몰두하며 남들과 토론하기를 좋아했어요. 그는 토론을 벌일 때마다 풍부한 지식을 근거로 자신의 견해를 분명히 말했어요. 그런 그에 대해 왕연(王衍)이라는 학자가 이렇게 칭찬했어요. "곽상의 말을 듣고 있으면 마치 강물이 굽이쳐 흐르는 것만 같다."

　옛날 중국의 시인 한유(韓愈)가 쓴 『석고가』(石鼓歌)에 나오는 이야기예요. 구여현하(口如懸河). 한자대로는 '입에 강물을 매단 것 같다.'인 이 고사성어는 '말을 거침없이 잘함'을 일컫는 말이에요. 말을 막힘없이 잘하는 사람이 있어요. 그중에는 정치인, 종교인, 방송인도 있지만 대개는 언변이 좋을 따름이에요. 즉 말솜씨가 좋다는 거예요. 반면에, 학문에 대한 토론을 잘하는 학자는 말에 깊이가 있어요. 그것은 연구 활동에서 비롯한 풍부한 지식의 근거가 논리로 표현되기 때문이에요. 그러므로 말[言]에는 물살의 흐름도 있지만 깊이도 있어요. 어떤 물줄기가 빠르게 흐른다 해도 깊이가 얕으면 그 물줄기는 오래가지 않아 말라 버려요. 반면에, 물이 깊으면 그 흐름이 조금 느리다 해도 웬만한 가뭄에는 마르지 않아요. **구여현하**는 '마치 흐르는 물처럼 말을 거침없이 잘함'을 뜻이지만, 우리는 이 고사성어를 읽으며 '말의 깊이'도 생각할 수 있어요. 고사성어가 된 앞의 옛이야기는 바람직한 학자의 면모를 보여주고 있으니까요.

서술하기

사람들이 하는 '말의 깊이'는 어떻게 알아차릴 수 있을까요? 가만히 생각하여 공책에 쓰세요.

18
명예를 중요하게 여기는 삶

호사유피
虎死留皮

뜻풀이

호랑이는 죽어서 가죽을 남긴다

💡 사람에게는 명예가 중요함

虎 범 호 | 死 죽을 사 | 留 머무를 유(류) | 皮 가죽 피

　옛날 중국의 양나라에 왕언장(王彦章)이라는 용맹한 장수가 있었어요. 그의 성격은 대나무처럼 곧았어요. 어느 날 진나라가 양나라로 쳐들어왔어요. 그때 왕언장도 전쟁에 나갔으나 패배했어요. 얼마 후 진나라가 또 침입하자 그가 다시 전쟁터에 나갔어요. 하지만 이번에는 포로가 되고 말았어요. 그의 용맹함을 지켜본 진나라의 임금이 그에게 진나라의 장수가 되겠냐고 물었어요. 그는 이렇게 대답했어요. "아침에는 양나라를 섬기고 저녁에는 진나라를 섬기는 일은 절대 없을 것이오." 임금은 그에게 사형을 내렸어요. 그는 늘 했던 말을 따라 의연하게 죽음을 맞이했어요. 그가 평소에 한 말은 "호랑이는 죽어서 가죽을 남기고 사람은 죽어서 이름을 남긴다."예요.

　옛날 중국의 역사책 『오대사』(五代史)에 나오는 이야기예요. 호사유피(虎死留皮). 이 고사성어는 '호랑이는

<mark>죽어서 가죽을 남기고,</mark> 사람은 죽어서 이름을 남긴다.'라는 속담의 앞부분이에요. 옛날부터 사람들은 호랑이 가죽을 탐내 왔어요. 반면에 사람의 몸은 죽고 나면 아무 쓸모가 없어요. 대신에 위인은 세상에 이름을 남겨요. 이순신, 안중근, 유관순, 테레사 수녀 같은 인물들이 그래요. 이분들에게는 공통점이 있어요. 국가나 인류에 공헌을 했다는 점이에요. 그래서 많은 사람이 이분들의 이름과 명예로운 삶을 대대로 전해 듣고 기억하는 거예요.

하지만 대부분의 사람들은 죽고 나면 점차 이름도 잊혀요. 그래도 평범한 그분들의 이름과 삶을 생생히 기억하는 사람들이 있어요. 고인의 가족과 친척, 그리고 살아생전의 고인과 가까이 지낸 분들이에요. 고인의 이름과 인생은 세상 사람들에게 널리 알려지지는 않지만, 고인과 함께 지낸 사람들의 마음속에는 그리움으로 간직되어요. '보고 싶은 우리 할머니' '사랑하는 우리 아버지' '다정했던 우리 이모' '믿음직했던 우리 형님' '그리

운 내 친구' '존경했던 우리 선생님' 식으로 말이에요. 그래서 한 문학 평론가(김현)는 이렇게 썼어요. "사람은 두 번 죽는다. 한 번은 육체적으로, 또 한 번은 타인의 기억 속에서 사라짐으로 정신적으로 죽는다." 옳은 말이에요. 사람은 죽고 나서도 살아생전 인생의 발자취와 추억을 자신을 기억하는 사람들에게 남기니까요. 그래서 고인을 기억하는 사람들이 이 세상에 하나도 남아 있지 않을 때, 비로소 그 고인의 존재는 사라지는 것이에요. 그러니, 고인을 기억하는 사람들에게 고인의 인생이 명예로울수록 더 뜻깊어요. 명예의 한자어는 이름 명(名), 기릴 예(譽)예요. 고인을 기리는 마음은 고인이 자기 이름으로 살았던 인생을 추억하는 일이에요.

서술하기

평범한 사람이 '명예롭게 살 수 있는 방법'은 무엇일까요? 가만히 생각하여 공책에 쓰세요.

19 헛된 논의

묘항현령
猫項懸鈴

뜻풀이

고양이 목에 방울 달기

💡 실행하지 못한 일을 헛되이 의논함

猫 고양이 묘 | 項 목 항 | 縣 매달 현 | 鈴 방울 령(영)

고양이에게 당하기만 하는 쥐들이 모여서 회의를 했어요. 고양이의 위치를 알 수 있으면 좋겠다고 생각한 한 쥐가 제안했어요. 그것은 고양이 목에 방울을 다는 것이었어요. 그러면 고양이가 움직일 때마다 방울 소리를 낼 테고, 그사이 쥐들은 도망갈 수 있을 테니까요. 그 쥐의 제안에 쥐들이 손뼉을 치며 좋아했어요. 그때 늙은 쥐가 말했어요. "그런데 누가 고양이 목에 방울을 달 수 있겠나?" 모두가 아무 말도 하지 못했어요.

조선의 학자 홍만종이 1678년에 쓴 『순오지』(旬五志)에 나오는 이야기예요. 그런데 이 이야기는 비슷한 시기에 서양에서 출간된 『이솝 우화집』에도 있고, 원래는 1200년대에 쓰인 『라틴어 우화집』에 나온대요. 묘항현령(猫項懸鈴)의 말뜻은 '고양이 목에 방울 달기'이지만, 그 속뜻은 '실행하지 못할 일을 헛되이 의논함'이에요.

쥐들로서는 그 일을 실행할 수 없어요. 그 일에 나설 쥐도 없겠지만, 나선다 해도 실패할 게 뻔하니까요. 그래서 이 우화는 현실성이 있는지를 판단하라는 교훈을 담고 있어요. 인간 사회도 마찬가지이니까요. 역사적으로 묘항현령에 해당하는 일들이 적지 않았어요. 영원히 살고 싶은 욕심에 불로초(먹으면 늙지 않는다는 풀)를 찾는 사람들도 많았고, 부자가 되고 싶거나 탐구심에 연금술(구리, 납, 주석 따위로 금과 은을 만들려고 했던 일)에 빠진 사람들도 많았어요. 그런 일들은 아무리 많은 사람이 모여 연구해도 도저히 이룰 수 없어요. 그래서 여럿이 모여 어떤 문제의 해결 방안을 찾을 때는 어떤 제안이 묘항현령에 해당하는지부터 면밀히 살펴봐야 해요.

서술하기

'고양이 목에 방울 달기' 말고, 쥐들이 고양이의 위협에서 벗어날 수 있는 좋은 방법은 무엇일까요?
스스로 생각한 방안을 서술하세요.

20
재물을 대하는 마음

견 금 여 석
見金如石

뜻풀이
금을 돌같이 본다

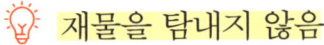
재물을 탐내지 않음

見 볼 견 | 金 쇠 금 | 如 같을 여 | 石 돌 석

　고려의 최영 장군은 "황금 보기를 돌같이 하라."는 아버지의 말씀을 간직하려고 허리띠에 견금여석(見金如石)이라고 썼어요. 그는 높은 벼슬에 오르고도 검소하게 살았어요. 당시 벼슬아치들은 돌아가며 집으로 초대해 바둑을 두었어요. 그때마다 진수성찬이 차려졌어요. 최영 장군이 대접할 차례였어요. 그런데 그는 저녁이 다 되어서야 점심상을 내놓았어요. 밥상에는 잡곡밥과 채소 반찬뿐이었어요. 배고팠던 손님들은 모두 밥그릇을 비우고는 맛있다고 칭찬까지 했어요. 최영 장군이 웃으며 대답했어요. "이것도 전술의 하나입니다."

　조선의 학자 성현의 수필집 『용재총화』에 나오는 이야기예요. 견금여석(見金如石). 말 그대로 '금을 돌같이 본다.'예요. 값비싼 '황금'을 흔한 '돌멩이'로 여긴다니, 이 고사성어는 '재물을 탐내지 않음'을 일컫는 말이에요. 실제로 최영 장군은 높은 벼슬에 오르고도 청렴하게 살았어요. 벼슬의 권세를 이용해 부유하게 살 수도 있었지만 말이에요. 대궐집, 비단옷, 풍성한 음식, 넉넉한 재산을 가질 수 있음에도 재물에 마음을 두지 않기란 절대로 쉽지 않아요. 그것은 자발적 결심이 없이는 불가능한 생활 태도예요. 그 결심은 어렸던 최영에게 아버지께서 심어 주었어요. 나랏일을 하는 사람이 재물을 욕심내면 나랏일보다 자기 이익에 마음을 빼앗기는 이치를 최영의 아버지는 잘 알고 있었던 거예요. 그래서 오늘날에도 공무원이 되려는 사람은 견금여석(見金如石)을 마음에 담아 두어야 해요. 그러고 싶지 않은 사람은 '나랏일'이 아닌 다른 직업을 갖는 것이 사회와 본인에게 바람직해요.

> **서술하기**
>
> '재물'을 많이 가지고 있으면 행복할까요?
> '재물'을 적게 가지고 있으면 불행할까요?
> '재물'과 '행복'은 어떤 관계일까요?
> 가만히 생각하여 공책에 서술하세요.

21
도구를 탓하지 않는 진짜 실력

능서불택필
能書不擇筆

뜻풀이
글씨를 잘 쓰는 사람은 붓을 가리지 않는다

💡 실력 있는 사람은 도구를 탓하지 않음

能 능할 능 | 書 글 서 | 不 아닐 불(부) | 擇 가릴 택 | 筆 붓 필

　옛날 중국 당나라에 '저수량'이라는 명필가가 있었어요. 그의 글씨는 무척 탁월했지만, 그는 좋은 붓과 먹이 없으면 글씨를 쓰려 하지 않았어요. 어느 날 그가 또 다른 명필가인 우세남(虞世南)에게 물었어요. "명필가 구양순(歐陽詢)의 글씨와 내 글씨를 비교하면 누가 더 낫습니까?" 우세남은 이렇게 대답했어요. "구양순은 붓에 대하여 전혀 말이 없을뿐더러 아무 종이에나 글씨를 썼습니다. 그는 어떤 붓으로도 마음먹은 대로 쓸 수 있었다고 합니다. 하지만 당신은 아직 종이와 붓에 구애받고 있으니 구양순이 낫습니다."

　옛날 중국의 역사책 『당서』(唐書)에 나오는 이야기예요. 능서불택필(能書不擇筆). '글씨를 잘 쓰는 사람은 붓을 가리지 않는다.'라는 뜻이에요. 전문가가 사용하는 도구는 '붓'만이 아니에요. 요리사의 식칼, 미용사의 가위,

연주가의 악기, 육상 선수의 운동화, 테니스 선수의 라켓 등등 세상의 '도구'는 다 헤아릴 수 없을 만큼 많아요. 그래서 이 고사성어는 '<mark>실력 있는 사람은 도구를 탓하지 않는다.</mark>'라는 뜻으로 널리 사용되어요. 우리나라의 유명한 화가 이중섭의 작품 중에는 은박지에 그린 그림이 있어요. 그는 한국 전쟁(6.25 전쟁) 때 화선지를 구할 수 없게 되자 담뱃갑 속의 은박지에 그림을 그렸어요. 그 독특한 그림은 유명해져서 미국 뉴욕의 '모던 아트 뮤지엄'에 전시되어 있어요. 이중섭 화가는 화선지가 없어도 자신의 창작 활동을 그치지 않았던 거예요. 그런가 하면, 아프리카 에티오피아의 마라톤 선수 아베베 비킬라(Abebe Bikila)는 1960년 로마 올림픽과 1964년 도쿄 올림픽에서 맨발로 뛰어 2회 연속 금메달을 목에 걸었어요.

이처럼 화가는 그림을 그리고, 육상 선수는 달리기를 해요. 연주자는 연주를 하고, 소설가는 이야기를 지어요. 그리고 학생은 교육을 받으며 공부를 해요. 그중 공부를 열심히 하지 않는 학생들도 있어요. 그 학생들은 잘 가르치는 선생님을 못 만나서 그럴까요? 좋은 참고서와 문제집을 가지고 있지 않아서 그럴까요? 공부방 환경이 좋지 않아서 그럴까요? 우리의 생활에서도 능서불택필의 붓은 곳곳에 있어요. 그 '붓'은 우리 주변에 여러 사물로도 존재하고, 우리 마음속에도 있어요. 그중 가장 분명한 '붓'은 우리 마음속에 있는 것이에요. 그것은 '어떻게든 하겠다.'라는 의지의 마음가짐이기도 하고, '무엇 때문에 못 하겠다.'라는 핑계의 마음이기도 해요. 생각해 보세요. 독자분은 마음속에 어떤 '붓'을 가지고 있나요?

서술하기

'글씨를 잘 쓰는 사람은 붓을 가리지 않는다.'라는 문장에서 '글씨를 잘 쓰는'과 '붓' 대신에 다른 말을 넣어 새로운 문장을 완성해 보세요.

22
엄격한 법률의 효과

도불습유
道不拾遺

뜻풀이

길에 떨어진 것을 줍지 않는다

💡 국가의 법이 엄격하여 국민이 법을 어기지 않음

道 길 도 | 不 아닐 불(부) | 拾 주울 습 | 遺 남길 유

　옛날 중국 진나라에 '공손앙'이라는 가장 높은 벼슬아치가 있었어요. 그는 나라의 법을 엄하게 고쳐 집행했어요. 그는 왕자가 법을 어기자 왕자의 선생님들을 엄벌에 처할 만큼 나라 전체에 엄격한 법을 시행했어요. 그런 지 10년이 지나자 백성들은 자기 것이 아니면 길에 떨어진 것을 줍는 일조차 없었고, 사회가 정의롭게 바뀌자 백성들의 생활 형편도 크게 좋아졌어요. 하지만, 그의 정치는 옛날로 돌아가려는 신하들의 반발을 샀어요. 결국 새 임금이 왕위에 오르자 그는 사형 당했어요.

　옛날 중국의 역사책 『사기』(史記), 『한비자』(韓非子) 등에 나오는 이야기예요. 도불습유(道不拾遺). '길에 떨어진 것을 줍지 않는다.'라는 뜻이지만, 이 고사성어는 '국가의 법이 엄격하여 국민이 법을 어기지 않음'을 일컫는 말이에요. 다시 말하면, '도불습유'는 제아무리 값진 것이 길에 떨어져 있더라도 함부로 주워 가지 않을 만큼 백성들이 법을 잘 지킨다는 말이에요. 왜일까요? 남의 물건을 몰래 주워 갔다가 발각되면 목숨을 잃을 만큼 큰 형벌을 감수해야 하니 함부로 줍지 않았던 거예요. 오늘날에도 싱가포르의 법률은 엄격하기로 유명해요. 그 나라에서는 여전히 태형(笞刑: 죄인에게 매질을 하는 형벌)이 집행되며, 심지어 관광객일지라도 껌을 씹는 것은 물론이고 껌을 지니고만 있어도 발각되면 큰 벌금을 물어야 해요. 버려진 껌들이 길거리를 더럽힌다는 이유에서 만들어진 법이에요. 그러므로, 옛날이나 오늘날이나 처벌이 엄격하면 법을 어기는 일이 줄어들기 마련이에요. 하지만 그럴 경우에는 국민의 자유도 줄어들어요.

서술하기

법을 엄하게 정해 국민이 법을 잘 지키게 하는 것이 좋을까요? 법을 엄하지 않게 하여 국민의 자유를 넓히는 것이 좋을까요? 자기 생각을 공책에 쓰세요.

23
에둘러 하는 말의 매력

차계기환
借鷄騎還

뜻풀이

닭을 빌려 타고 돌아간다

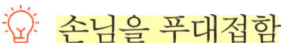 손님을 푸대접함

借 빌릴 차 | 鷄 닭 계 | 騎 말 탈 기 | 還 돌아올 환

　어느 날 김 선비가 친구네 집을 방문했어요. 친구가 내놓은 술상의 안주는 채소뿐이었어요. 친구가 말했어요. "형편이 어려워 대접이 소홀해 미안하네." 그때 마당에는 여러 마리의 닭이 있었어요. 김 선비가 헛기침하며 말했어요. "대장부가 어찌 천금을 아끼겠는가? 내 말을 잡아서 술안주로 하세." 친구가 말했어요. "자네 말을 잡으면 자넨 무엇을 타고 돌아간단 말인가?" 김 선비가 대답했어요. "자네의 닭을 빌려 타고 돌아가면 되지 않겠나." 친구는 크게 웃으며 곧바로 닭을 잡아 대접했어요.

　조선 시대의 학자 서거정이 쓴 설화집 『태평한화골계전』(太平閑話滑稽傳)에 나오는 이야기예요. 이 재미있는 이야기에서 차계기환(借鷄騎還)이라는 고사성어가 생겨났어요. 이 한자의 뜻은 '닭을 빌려 타고 돌아간다.'이지만, '손님을 푸대접함'을 닭에 빗대 이르는 말이에요. 그러고 보면, '차계기환'은 참 짓궂은 말이에요. 마당의 닭을 잡아 술안주로 삼기를 바라는 속마음을 에둘러 말한 셈이니까요. 이 이야기 속 김 선비의 말은 짓궂지만 재미있어요. 그의 말은 친구를 웃게 만들었어요. 이처럼, 때때로 대화는 마음을 직접 드러내기보다 간접적으로 빗대어 말하거나 에둘러 말할 때 말하는 사람의 마음을 상대에게 잘 전달할 수 있어요. 예컨대, 할머니 댁에서 가족이 모여 앉아 동태찌개를 먹을 때, 살코기와 알은 자식과 손주에게 주고 동태 머리는 할머니께서 발라 드시곤 해요. 그러면서 할머니는 이렇게 에둘러 말씀하세요. "나는 동태 머리가 더 맛있어." 그 말씀은 참말일까요?

서술하기

빗대어 하는 말이나 에둘러 하는 말의 매력은 무엇일까요? 가만히 생각하여 공책에 쓰세요.

24
딱한 처지의 사람

상가지구
喪家之狗

뜻풀이

초상집의 개

💡 변변한 대접을 받지 못하는 사람, 또는 매우 힘들어 보이는 사람

喪 잃을 상 | 家 집 가 | 之 갈 지 | 狗 개 구

　공자(孔子)는 자신의 사상을 실현하려고 옛날 중국의 여러 나라를 찾아다녔어요. 공자가 정나라에 갔을 때는 제자들과 길이 어긋나 혼자 성곽의 동쪽 문에서 제자들을 기다리고 있었어요. 그 모습을 본 그 지방 사람이 스승을 찾아 헤매던 공자의 제자들을 만나자 이렇게 말했어요. "동쪽 문에 웬 사람이 서 있는데, 그의 이마가 요나라 임금을 닮았고, 그의 목과 어깨는 옛 성현과 같았습니다. 그러나 그는 몹시 피로해 보였고, 지친 모습은 마치 초상집의 개와 같았습니다." 그 말을 들은 제자들이 급히 동쪽 문으로 달려가 공자를 만났어요. 그때 자공(子貢)이라는 제자가 정나라 사람이 한 말을 공자에게 그대로 전했어요. 그러자 공자가 빙그레 웃으며 이렇게 말했어요. "내 모습에 대한 얘기는 꼭 들어맞지는 않지만, 초상집의 개 같다는 얘기는 맞는 말이다. 과연 그대로다."

옛날 중국의 역사책『사기』(史記)에 나오는 이야기예요. 이 이야기에서 상가지구(喪家之狗)라는 고사성어가 생겨났어요. 이 한자 뜻은 말 그대로 '초상집의 개'이지만, '변변한 대접을 받지 못하는 사람', 또는 '매우 힘들어 보이는 사람'을 일컫는 말로 쓰여요. 왜 그럴까요? 옛날에는 집에서 키우는 개는 오늘날과는 달랐어요. 옛날에 개는 마당에 풀어 놓고 기르는 가축에 불과했어요. 개밥도 제때 챙겨 주지 못할 때가 많았어요. 개의 주인들은 집안일과 농사일이 바빴을 뿐더러 개밥은 사람이 먹고 남은 찌꺼기였기에 밥이 부족한 날이면 개는 먹을 게 거의 없었어요. 그러니 개를 키우는 집에서 초상을 치르게 되면 집주인은 장례 일로 정신없어서 개를 돌보지 못했어요. 그러므로 '초상집의 개' 신세는 딱했어요. 그래서 이처럼, 누군가가 따로 챙겨 주는 사람이 없는 처지나 변변한 대접을 받지 못하는 처지를 상가지구(喪家之狗), 즉 '초상집의 개'의 신세라고 빗대어 이르게 되었어요.

우리 주변의 누군가는 '상가지구'의 처지에 놓일 때가 있어요. 친구들과 어울려 공놀이 할 때, 운동을 잘하지 못하는 친구가 슬그머니 빠지는 경우가 있어요. 집안 잔칫날에 친척들이 집안 어른들에게 마음 쏟는 바람에, 사촌 동생이 혼자 구석에 앉아 있는 경우도 있어요. 전통시장에서 채소를 잘 팔지 못하는 할머니께서 길가에 쪼그려 앉아서 깍두기만 놓고 찬밥을 드시고 있는 모습을 보게 될 때도 있어요. 그런 처지는 남들 얘기만은 아니에요. 바깥에서 친구들과 놀다가 집에 들어왔는데, 가족이 맛있는 간식을 다 먹어 치웠을 때도 자신이 상가지구 신세임을 느끼게 되어요. 그러니 '상가지구'는 따로 있지 않아요. 공자(孔子)조차 그런 처지였으니까요.

서술하기

'고사성어'를 많이 알고 있으면 좋은 점은 무엇일까요? 스스로 생각하여 공책에 쓰세요.

25
관련 없이 겪는 재앙

지어지앙
池魚之殃

뜻풀이

연못 물고기의 재앙

💡 아무런 상관없이 재앙을 당함

池 연못 지 | 魚 물고기 어 | 之 갈 지 | 殃 재앙 앙

옛날 중국의 송나라에 환사마(桓司馬)라는 사람이 있었어요. 그는 보물 구슬을 가지고 있었어요. 어느 날 그가 죄를 지어 벌을 받게 되자 그는 보물 구슬을 가지고 멀리 도망갔어요. 그 보물 구슬이 탐난 왕은 신하를 시켜 그의 행방을 찾았어요. 왕의 신하가 그를 찾아냈어요. 그가 그 신하에게 말했어요. "그 구슬 말입니까? 그건 도망칠 때 궁궐 연못에 던져 버렸지요." 그의 말을 왕에게 전했어요. 왕은 연못의 물을 다 퍼내라고 명령했어요. 하지만 그 구슬은 발견되지 않았어요. 그 바람에 죄 없는 물고기들만 죽었어요.

옛날 중국의 백과사전 『여씨춘추』(呂氏春秋)에 나오는 이야기예요. <mark>지어지앙</mark>(池魚之殃). '<mark>연못 물고기의 재앙</mark>'인 이 고사성어는 '<mark>아무런 상관없이 재앙을 당함</mark>'을 일컫는 말이에요. 연못의 물고기들이 갑자기 죽기까지,

구슬과 물고기는 관계가 없어요. 오히려 연못 물고기들이 죽은 원인은 구슬을 연못에 던졌다는 '거짓말'과 그 거짓말을 믿고 물을 퍼내게 한 왕의 '탐욕'에 있어요. 즉, '거짓말'과 '탐욕'에서 연못 물고기들의 재앙이 비롯되었어요. 그런데 이런 '지어지앙'은 지금도 세상 곳곳에서 일어나고 있어요. 예컨대, 플라스틱은 만들기 쉽고 값싸서 지난 120년 동안 전 세계에서 사용하고 있어요. 하지만 그 쓰레기가 엄청나서 자연환경을 오염시키고 있어요. 땅속과 바다 곳곳에 한반도보다 큰 쓰레기 섬이 만들어졌어요. 플라스틱을 재활용하지 않고 함부로 버린 까닭이에요. 그 바람에 수많은 바다 동물이 플라스틱을 삼키고는 죽어가고 있어요. 그야말로 지어지앙이에요.

서술하기

지어지앙은 우리 생활 속에서 어렵지 않게 발견할 수 있어요. 그 사례를 찾아 공책에 쓰세요.

26
겉만 봐서는 알 수 없는 실력

검려지기
黔驢之技

뜻풀이

검땅 당나귀의 재주

💡 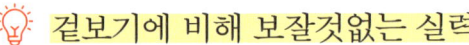 겉보기에 비해 보잘것없는 실력

黔 검을 검 | 驢 당나귀 려(여) | 之 갈 지 | 技 재주 기

　옛날 중국의 검주(黔州)라는 지역에는 당나귀가 없었어요. 어느 날 어떤 사람이 그곳에 처음으로 당나귀 한 마리를 데려왔어요. 그는 당나귀를 야산에 풀어 놓았어요. 그 근처에 사는 호랑이가 자기보다 덩치가 큰 당나귀를 처음 보고는 경계했어요. 호랑이는 며칠 동안 당나귀를 엿보기만 했어요. 그러다가 호랑이가 다가가자 당나귀는 뒷발질을 했어요. 호랑이는 당나귀의 재주가 그것뿐인 것을 알고는 달려들어 잡아먹었어요.

　옛날 중국의 문인 유종원(柳宗元)이 쓴 『삼계』(三戒)에 나오는 이야기예요. '검단 당나귀의 재주'라는 뜻인 검려지기(黔驢之技)는 '겉보기에 비해 보잘것없는 실력'을 일컫는 말이에요. 겉보기에는 그럴듯해도 정작 실력은 없는 경우를 우리는 주변에서 종종 발견하곤 해요. 예컨대, 꽤 값비싼 승용차를 가지고도 주차를 못 해 쩔쩔

매는 운전자도 있고요, 고급 라켓을 들고 멋진 운동화를 신었지만 정작 배드민턴 경기는 잘하지 못하는 생활 체육 동호인도 있어요. 또한 많은 참고서와 문제집을 가지고 있음에도 학업 성적은 그다지 좋지 못한 학생도 있고요, 좋은 악기를 가지고도 연주 실력은 그저 그런 연주자도 있어요. 반면에, 몸집은 작지만 또래 가운데 달리기를 가장 잘하는 아이도 있고요, 양팔이 없지만 발가락만으로도 훌륭한 그림을 그리는 화가도 있어요. 그러므로 진짜 실력은 겉보기만으로는 판단할 수 없어요. 오히려 겉모습은 진짜 실력을 알아차리는 데 방해로 작용할 때가 적지 않아요. 그래서 검려지기라는 고사성어가 생겨났어요.

서술하기

그릇은 멋지지만 맛은 별로인 음식점이 있는 반면에 그릇은 별로여도 맛은 으뜸인 식당이 있어요.
'진짜 실력'을 알아차리려면 무엇을 관찰해야 할까요?
가만히 생각하여 공책에 쓰세요.

27
갈등 관계의 형제

자두연기
煮豆燃萁

뜻풀이
콩을 삶는데 콩깍지를 태운다

 형제끼리의 갈등

煮 삶을 자 | 豆 콩 두 | 燃 탈 연 | 萁 콩깍지 기

　옛날 중국의 삼국시대에 위나라를 세운 조조(曹操)에게 두 아들이 있었어요. 두 아들의 이름은 조비(曹丕)와 조식(曹植)이었어요. 조조는 맏아들인 조비보다 글재주가 뛰어난 조식을 총애했지만 맏아들 조비가 왕이 되었어요. 조비는 늘 동생 조식을 경계했어요. 어느 날 조비는 동생 조식을 불러 명령했어요. "내 앞에서 일곱 걸음을 걸으며 시 한 수를 지어라. 그러지 못하면 형벌을 내리겠다." 조식은 걸으며 이런 시를 지어 읊었어요. "콩을 삶는데 콩깍지를 태우니, 솥 속의 콩이 뜨거워 우는구나. 원래는 같은 뿌리에서 태어났건만, 뜨겁게 삶음이 어찌 이리 급한가." 그 시를 들은 조비는 부끄러워하며 동생을 놓아 주었어요.

　옛날 중국의 이야기 모음집 『세설신어』(世說新語)에 나오는 이야기예요. 이 이야기에서 자두연기(煮豆燃萁)

라는 고사성어가 생겨났어요. 그런데 이 뜻은 '콩을 삶는데 콩깍지를 태운다'여서 한자 풀이만으로는 알쏭달쏭해요. 앞의 이야기인 '형제간에 있었던' 옛일을 알아야만 그 뜻을 이해할 수 있어요. 이 고사성어는 '형제끼리의 갈등'을 일컫는 말이 되었어요. 그럼, 앞의 이야기에 나오는 시에서 누가 '콩'이고 누가 '콩깍지'일까요? 그 시를 다시 읽어 보아요. '콩'은 동생인 자신(조식)을 뜻하고, '콩깍지'는 형인 조비를 뜻해요. 조식은 동생인 콩을 삶으려고 애쓰는 콩깍지가 형이며, 뜨거워진 솥 속에서 우는 콩이 자신이라고 읊고 있어요. 그러면서 시를 통해 조식은 형과 자신이 같은 부모에게서 태어난 혈연관계임을 새삼스레 일깨워 주고 있어요. '우리는 뿌리가 같은 형제인데, 이렇게 동생을 모질게 대할 수 있습니까!'라고 말하는 거예요.

동양이나 서양이나, 옛날이나 오늘날이나 형제간에 갈등을 겪는 사례는 무척 많아요. 『구약 성서』에 나오는 카인과 아벨은 인류 최초의 살인으로 기록될 만큼 비극적인 형제예요. 우리의 조선을 건국한 태조 이성계의 두 아들인 이방간과 이방원은 서로 왕위에 오르려고 심하게 권력 다툼을 했어요. 오늘날 우리 사회에서도 대기업을 경영하는 형제간의 갈등 문제가 종종 뉴스로 보도되어요. 이렇듯 형제간 갈등의 한가운데에는 대개는 권력이나 재산을 향한 욕심이 자리 잡고 있어요. 그러고 보면, '부모의 많은 재산'은 자손들의 우애를 가로막는 장벽이 되곤 해요. 반면에 주변을 둘러보면, 가난한 가정에서 성장한 형제자매가 서로를 챙기며 사이좋게 지내는 모습을 어렵지 않게 볼 수 있어요. 넉넉한 재물은 다툼을 낳고, 부족한 재물은 우애를 낳는지도 모르겠어요.

서술하기

형제자매끼리 일어나는 갈등을 해결할 수 있는 좋은 방법은 무엇일까요? 경험을 떠올리거나 상상하여 스스로 생각한 해결 방안을 공책에 쓰세요.

28
탁월한 글의 가치

일자천금
一字千金

뜻풀이
한 글자가 천금이다

💡 무척 탁월한 문장

一 하나 일 | 字 글자 자 | 千 일천 천 | 金 쇠 금

　옛날 중국 진나라의 여불위(呂不韋)라는 정치인은 황제 다음가는 권력자였어요. 그 당시 이웃 국가인 위나라에는 신릉군(信陵君)이라는 권력자가 있었어요. 그는 많은 선비를 거느리고 있었어요. 이에, 여불위는 진나라가 그들에게 못 미치는 것을 부끄러워했어요. 그래서 그는 글솜씨가 탁월한 선비들을 불러 모아 놓고는 그들 각자가 보고 들은 지식을 쓰게 하고 편집하여 『여씨춘추』(呂氏春秋)라는 책을 펴냈어요. 그러고는 도성의 성문 위에 그 책과 함께 천금(千金)이나 되는 큰돈을 걸어 두고는 그 아래에 이렇게 써 놓았어요. "한 글자라도 고쳐 쓸 수 있는 사람이 있다면 천금(千金)을 주겠다."

　옛날 중국의 역사책 『사기』(史記)의 「여불위열전」(呂不韋列傳)에 나오는 이야기예요. 일자천금(一字千金). '한 글자가 천금이다.'라는 이 고사성어는 '무척 탁월한

<u>문장</u>'을 일컫는 말이에요. 탁월한 문장(글)이 천금의 값어치가 된다니, '일자천금'은 글에 대한 중요함을 큰돈에 빗대어 강조하는 말이에요. 그런데 이 말은 '말 한마디로 천 냥 빚을 갚는다.'라는 속담을 떠올리게 해요. '글'과 '말'은 '언어'이고, '글자'와 '말소리'는 표현이 다를 뿐이니, 이 고사성어와 이 속담은 서로 맞닿아 있어요. 그러고 보면, 이 속담도 글로 써 놓으면 탁월한 한 문장이에요. 결정적인 순간의 '대화'가 인간관계를 바꾸어 놓을 만큼 중요한 의사소통 방법이라는 것을 일깨우는 문장이니까요. 이처럼 '글'과 '말'은 오랜 옛날부터 사람들의 정신 활동을 이끄는 쌍두마차예요. 그래서 탁월한 한 문장이 누군가에게는 인생을 이끌어 주어요.

서술하기

'글의 가치'를 강조한 글 중에는 '펜은 칼보다 강하다.'라는 서양 격언이 있어요. 이 격언의 말뜻은 무엇일까요? 가만히 생각하여 그 의미를 공책에 풀어 쓰세요.

29
조심해야 할 '남 얘기'

불언장단
不言長短

뜻풀이

(남의) 길고 짧음을 말하지 않는다

💡 남의 장점과 단점을 말하지 않음

不 아닐 불(부) | 言 말씀 언 | 長 길 장 | 短 짧을 단

　조선의 황희 정승이 젊었던 어느 날이었어요. 황희가 들판을 지나다 잠시 쉬었어요. 들판에서는 한 농부가 소를 몰며 논을 갈고 있었어요. 황희가 농부에게 말했어요. "그 두 마리의 소 중에서 어느 소가 더 일을 잘합니까?" 농부가 황희에게 다가와 귓속말로 말했어요. "이쪽 소보다 저쪽 소가 일을 잘합니다." 황의가 다시 물었어요. "그런데 왜 귓속말로 말씀하십니까?" 농부가 대꾸했어요. "말 못 하는 짐승도 제 흉을 보면 기분이 상하게 됩니다." 농부의 말을 듣고 젊은 황희는 배웠어요.

　조선 시대의 학자 이수광이 쓴 책 『지봉유설』(芝峯類說)에 나오는 이야기예요. 불언장단(不言長短)은 '남의 장점과 단점을 말하지 않음'을 일컫는 고사성어예요. 말을 한다는 것은 듣는 사람이 있다는 것이고, 듣는 사람이 있다는 것은 들은 말을 다른 사람에게 옮길 수 있다는 것이에요. 더욱이 어떤 '말'이 누군가의 장단점을 평가하는 것이면, 그 '말'은 다른 사람의 귀에도 들어가기 마련이에요. 그래서 '발 없는 말이 천 리를 간다.'라는 속담도 있어요. 그런데도 사람들은 남에 대하여 말하기를 좋아해요. 남 얘기를 듣기도 좋아해요. 사람들은 '이야기'를 좋아하기 때문이에요. 세상의 모든 이야기는 '사람'에 대한 얘기예요. 동화든, 소설이든, 영화든, 드라마든 모두 '어떤 사람'에 대한 이야기예요. 그래서 누군가에 대한 얘기를 하고 싶은 마음은 어쩔 수 없겠어요. 그러니 남 얘기를 하더라고 없는 얘기를 지어내거나, 사실을 말하더라도 남을 헐뜯는 말은 하지 말아야 해요. 그 말의 화살은 언젠가는 험담한 사람을 향하게 되어 있어요.

서술하기

왜 사람들은 동화, 소설, 만화, 영화, 드라마 등의 '이야기'를 좋아하는 것일까요?
가만히 생각하여 그 까닭을 공책에 쓰세요.

30
사람들을 대하는 바람직한 태도

수청무대어
水清無大魚

뜻풀이

물이 맑으면 큰 물고기가 없다

💡 사람이 너무 똑똑하거나 엄격하면
남들이 꺼려하여 가까운 친구가 없음

水 물 수 | 淸 맑을 청 | 無 없을 무 | 大 클 대 | 魚 물고기 어

옛날 중국의 후한(後漢)이라는 나라에 반초(班超)라는 장수가 있었어요. 그는 국경 근처의 50여 부족을 군사력과 말로 설득하여 항복시켰어요. 이에 왕에게 인정받아 그는 그 지역을 통치하게 되었어요. 그의 임무는 그 지역의 부족들이 반란을 일으키지 않게끔 잘 다독여 다스리는 일이었어요. 그는 그곳 부족들의 처지를 잘 이해하며 관리했기에 아무 문제가 발생하지 않았어요. 그렇게 10년이 지나자 왕은 그의 공적을 칭찬하며 그동안 변방에서 고생한 그에게 나라 중심지 도읍의 관직을 내려 주었어요. 그가 그곳을 떠나기 전에 임무를 이어받을 새 관리가 찾아왔어요. 그 후임자는 임상(任尙)이라는 장수였어요. 후임자가 그에게 통치 요령을 물었어요. 그러자 그가 이렇게 충고했어요. "물이 너무 맑으면 큰 물고기는 그 물에서는 숨을 곳이 없어서 살지 않습니다. 마찬가지로, 통치도 너무 엄격하기만 해서는 안 됩니다."

옛날 중국의 역사책 『후한서』(後漢書)에 나오는 이야기예요. 수청무대어(水淸無大魚). 말 그대로 '물이 맑으면 큰 물고기가 없다.'예요. 왜 맑은 물에는 큰 물고기가 살지 않을까요? 옛이야기처럼 '물이 맑으면 숨을 곳이 없어서' 그럴까요? 그렇지는 않아요. 물은 상류로 올라갈수록 맑기 마련이에요. 민물은 빗물이 모여 생기니까요. 그래서 물은 산속 계곡물이 가장 맑고, 그 물이 흘러가면서 조금씩 탁해져요. 여러 갈래의 계곡물이 모여서 하천을 이루고, 흙탕물도 섞인 강물에는 작은 물고기의 먹이도 있고, 작은 물고기를 잡아먹는 큰 물고기도 살게 되어요. 그래서 다양한 생태계를 이룬 하천을 다양한 사람이 어울려 사는 '인간 사회'에 비유할 수 있어요. 그러므로 수청무대어는 '맑음'만 고집하여 섞여 사는 것을 못마땅해 하는 태도를 일컫는 말이에요. 그러한 이 고사성어는 오늘날에는 '사람이 너무 똑똑하거나 엄격하면 남들이 꺼려하여 가까운 친구가 없음'을 이르는 말로 쓰여요.

그런데, 흥미롭게도 수청무대어는 『논어』에 나오는 덕불고필유린(德不孤必有隣)이라는 공자의 말을 떠올리게 해요. '덕(德)이 있는 곳에 반드시 이웃이 있다.'라는 이 말은 '곧은 마음으로 살아가더라도 세상에는 그 고결함을 알아보는 친구가 있기 마련이다.'라고 풀어 말할 수 있겠어요. 이 뜻풀이를 다르게 말하면, '반듯하고 고결하게 살아가는 사람은 친구가 전혀 없지는 않지만 적다.'라고 말할 수도 있겠어요. 그래서 맑은 물과 덕(德)은 비슷해요. 다만 앞의 옛이야기처럼, 옛날에 백성을 통치해야 할 벼슬아치라면 '수청무대어'를 명심할 필요는 있었겠어요.

서술하기

수청무대어는 오늘날의 정치인이나 공직자도 명심해야 할 고사성어일까요? 아니면 그렇지 않을까요?
스스로 생각하여 공책에 쓰세요.

31
책 읽기에 좋은 시간

독서삼여
讀書三餘

뜻풀이
글 읽기에 적당한 세 여가

💡 독서하기에 적당한 여가 시간은
'겨울, 밤, 비 올 때'

讀 읽을 독 | 書 글 서 | 三 셋 삼 | 餘 남을 여

옛날 중국의 위나라에 동우(董遇)라는 학자가 있었어요. 그는 어려서부터 독서에 몰두했어요. 훗날 그가 이름난 학자가 되자, 사람들이 그의 제자가 되고 싶어 했어요. 하루는 한 젊은이가 그를 찾아와 가르침을 요청했어요. 그가 젊은이에게 말했어요. "우선 책을 백 번 읽어라. 그러면 그 뜻이 저절로 드러난다." 젊은이가 대답했어요. "제게는 그럴 여가가 없습니다." 그러자 그가 이렇게 말했어요. "세 가지 여가가 있지 않은가. 농사일이 없는 겨울과 밤 시간, 그리고 일하지 못하는 비 오는 날이 있지 않은가."

옛날 중국의 역사책 『삼국지』(三國志)에 나오는 이야기예요. **독서삼여**(讀書三餘). 이 한자를 풀어 쓰면 '**글 읽기에 적당한 세 여가**'예요. 이 고사성어가 일컫는 여가 시간은 '**겨울, 밤 시간, 비 올 때**'예요. 왜 이때가 책 읽기에 좋은 여가 시간이었을까요? 그것은 '농사일'이 기준이 되기 때문이에요. 전통적인 농사일은 모를 심고 씨앗을 뿌리는 봄에서부터 추수를 하는 가을까지 매일 이어져요. 그래서 농부는 계절로는 겨울에만 여가 시간이 생겨요. 그리고 하루 중에는 낮에는 일해야 해서 밤에만 여가 시간이 생겨요. 그리고 낮이라도 비 올 때는 급한 일이 없으면 쉴 수 있어요. 그러니 농부에게는 '겨울, 밤, 비 올 때'가 바로 여가 시간이에요. 그래서 앞의 옛이야기에서 학자는 젊은이에게 그 시간을 아껴서 독서하라고 충고했던 거예요. 시간은 누구에게나 똑같이 흘러가요. 하지만 시간을 어떻게 쓰느냐에 따라 그 길이는 달라져요. 독자분은 시간을 어떻게 쓰고 있나요?

서술하기

독자분의 독서삼여는 어느 때인가요?
꼭 '세 때'가 아니더라도 자신의 여가 시간을 따져 보아 '그때'가 언제인지 공책에 써 보세요.

32
왕성히 활동하는 노인

노당익장
老當益壯

뜻풀이

노인이면 마땅히 더 뛰어나야 함

💡 나이 들수록 더 왕성하게 활동해야 함

老 늙을 노(로) | 當 마땅 당 | 益 더할 익 | 壯 장할 장

　옛날 중국의 후한(後漢)이라는 나라에 마원(馬援)이라는 사람이 있었어요. 그는 어려서부터 목축업을 하고 싶었어요. 하지만 그는 시골에서 작은 벼슬을 하게 되었어요. 하루는 죄인을 호송한 일이 있었어요. 그런데 그는 죄인의 딱한 사연을 듣고는 죄인을 달아나게 해 주었어요. 그는 처벌이 두려워 도망하여 숨어 지냈어요. 다행히 그는 나라의 용서를 받아 지내던 곳에서 목축업을 했어요. 훗날 그가 기른 소와 양이 수천 마리나 되었어요. 그는 친구에게 말했어요. "대장부는 형편이 어려울 때는 굳세게 살고, 늙어서는 더욱 왕성해야 하네. 그리고 부자여도 이웃에게 베풀지 않으면 수전노일 따름이네." 그는 자기 말대로 실천했어요. 그는 많은 재산을 이웃들에게 주고, 자신은 늙도록 열심히 일하며 검소하게 살았어요.

　옛날 중국의 역사책 『후한서』(後漢書)에 나오는 이야

기예요. 노당익장(老當益壯). '노인이면 마땅히 더 뛰어나야 함.'인 이 고사성어는 '나이 들수록 더 왕성하게 활동해야 함'을 일컫는 말이에요. 연세가 많을수록 기력이 떨어지기 마련인데, 젊을 때보다 왕성하게 활동해야 한다니, 얼핏 생각하면 아리송한 말이에요. 하지만 옳은 말이에요. 많은 사람이 노인이 되어서는 열심히 활동하지 않지만, 그럴수록 신체의 노화가 빨라진다는 사실이 여러 연구로 밝혀졌어요. 노인이지만 젊은 사람들만큼 왕성하게 활동하는 사례도 많아요. 예컨대, 90세인 한 할머니는 인천의 미술 학원에 매일 나가요. 그분은 자신의 미술 재능을 청소년들에게 전수하고 있어요. '나이는 숫자에 불과하다.'라는 말이 딱 들어맞는 경우예요.

서술하기

노인이 되어서도 열심히 활동하는 분들의 활동 의욕은 어떻게 생겨날까요?
가만히 생각하여 공책에 쓰세요.

33
남을 본받는 마음가짐

사기종인
舍己從人

뜻풀이

자기를 버리고 (다른) 사람을 좇는다

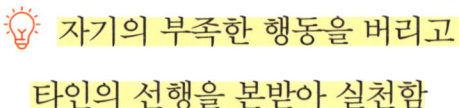

자기의 부족한 행동을 버리고
타인의 선행을 본받아 실천함

舍 집사, 버릴사 | 己 자기기 | 從 좇을종 | 人 사람인

　조선의 유명한 학자 이황(李滉)은 '배움의 자세'와 '가르침의 태도'에 대하여 이런 글을 남겼어요. "자기를 버리고 다른 사람을 따르지 못하는 것은 배우는 사람의 큰 병이다. 천하에 사람으로서 지켜야 할 도리는 끝이 없는데, 어떻게 자기 자신만 옳고 남은 옳지 않다고 말할 수 있겠는가. 누군가가 질문을 하면, 그 질문이 얕고 뻔한 말일지라도 반드시 마음에 담아 잠시 생각하고서 대답해야 한다. 그러려면 질문에 대해 즉시 대답하면 안 된다."

　우리나라 지폐에도 등장하는 조선의 학자 이황의 저서 『퇴계집』(退溪集)에 나오는 글이에요. 사기종인(舍己從人). '자기를 버리고 (다른) 사람을 좇는다.'라고 풀이되는 이 고사성어는 '자기의 부족한 행동을 버리고 타인의 선행을 본받아 실천함'을 일컫는 말이에요. 이 고사성어의 첫 글자는 대개는 집 사(舍)의 뜻으로 쓰이지만, '버린다.'라는 뜻도 있어요. 그래서 사기(숨기)는 '자기를 버린다.'라는 뜻이에요. 자기를 버린다고요? 이 말은 '자신을 망친다.'라는 뜻이 아니라 '자신의 좋지 않은 습관이나 부족한 행동을 반성한다.'라는 의미예요. 생각해 보아요. 누구나 바람직하지 않은 습관이 있거나 부족한 행동을 하기 마련이에요. 그것은 잘 관찰하면 '남'이라는 거울에 비쳐진 자신의 모습이에요. 예컨대, 자신은 뭐든 절대로 손해 보지 않으려고 행동하는데, 다른 누군가는 남을 먼저 배려해요. 그때, 자연스레 자신과 상대의 행동을 비교하게 되는데, 흔히 사람들은 그런 자신을 성찰하지 않아요. 자기 자신을 되돌아보지 않는다는 말이에요. 그래서 '나는 나대로 살고, 너는 너대로 사는 거지.'라는 식으로 생각하곤 해요. 이황 선생은 앞의 글에서 바로 이런 '배움의 자세'를 지적하고 있어요.

앞의 글의 두 번째 내용은 '질의응답'에 대한 얘기예요. 그 문장에서 이황 선생은 '신중함'과 '예의 바름'을 강조하고 있어요. 즉, 이황 선생은 누군가에게 깊이 없고 빤한 질문을 받더라도 신중하게 생각하여 대답해야 한다고 말씀하세요. 그러기 위해서는 질문을 받자마자 즉시 대답하면 안 된다고 했어요. 대답이 빠르면 질문에 대하여 신중히 생각할 여유가 없기 때문이에요. 누구든 조금 어리석은 질문을 받을 수 있어요. 그래도 얕은 질문을 하는 사람은 궁금하여 질문하는 거예요. 그러므로 대답하는 사람은 질문이 아무리 기초적인 것일지라도 질문한 사람이 잘 이해할 수 있게끔 현명하게 대답해 주어야 해요. 현명한 대답은 배려하는 마음에서 비롯해요. 그것이 대답하는 사람이 지녀야 할 '신중함'이자 '예의'예요. 그러고 보면, 대답을 잘하기는 쉽지 않아요.

> **서술하기**
>
> 사람들은 왜 '자신의 좋지 못한 습관'을 쉽게 버리지 못하는 걸까요?
> 가만히 생각하여 그 까닭을 공책에 쓰세요.

찾아보기

ㄱ
각주구검 22~24
검려지기 122~124
견금여석 98~100
결초보은 58
교학상장 50~52
구여현하 86~88
군맹무상 70~72
근묵자흑 46~47
기교 54, 56~57
꾸밈 54, 56~57

ㄴ
노당익장 146~148
노마지지 78~81
능서불택필 102~103, 105

ㄷ
덕불고필유린 141
도불습유 106~107
독서삼여 142~144

ㅁ
명경지수 62~63
명예 90, 92~93
모순 42~45
묘항현령 94~96

ㅂ
백안시 74~76
불로초 96
불언장단 134~135

ㅅ
사기종인 150~151
상가지구 114~117
새옹지마 19, 30~33
성찰 64, 152
수청무대어

ㅇ
어부지리 34~36
연금술 96
와각지쟁 82~83
일자천금 130~132

ㅈ

자두연기 126~127
자유 67, 80, 108
전화위복 33
조삼모사 38~40
지어지앙 118~120

ㅊ

차계기환 110~112
천의무봉 54~57

ㅎ

형설지공 26~28
호사유피 90~91
호접지몽 66~69

독서 감상문

마음으로 생각하는 인성 공부 시리즈 2
옛일을 들려주고 의미를 깨쳐주는 성장기 고사성어

초판 발행일 2022년 1월 3일
지은이 윤병무
그린이 이철형

펴낸곳 국수
등록번호 제2018-000158호
주소 경기도 고양시 일산동구 진밭로 36-124
전화 (031) 908-9293
팩스 (031) 8056-9294
전자우편 songwriter@kuksu.kr

ⓒ 윤병무, 2022, Printed in Goyangsi, Korea

ISBN 979-11-90499-37-8 74140
ISBN 979-11-90499-35-4 (세트)

- 책값은 뒤표지에 쓰여 있습니다.
- 이 책의 저작권은 저자에게, 출판권은 '국수'에 있습니다.
- 이 책 내용의 전부는 물론 일부라도 재사용하려면 반드시 '국수'의 동의를 얻어야 합니다.
- 잘못 만들어진 책은 구입하신 서점에서 교환해드립니다.

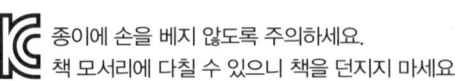
종이에 손을 베지 않도록 주의하세요.
책 모서리에 다칠 수 있으니 책을 던지지 마세요.